Dmitry Tzerteleff

Schopenhauers Erkenntniss-Theorie

eine kritische Darstellung

Dmitry Tzerteleff

Schopenhauers Erkenntniss-Theorie
eine kritische Darstellung

ISBN/EAN: 9783743430709

Hergestellt in Europa, USA, Kanada, Australien, Japan

Cover: Foto ©ninafisch / pixelio.de

Manufactured and distributed by brebook publishing software (www.brebook.com)

Dmitry Tzerteleff

Schopenhauers Erkenntniss-Theorie

SCHOPENHAUER'S Erkenntniss-Theorie.

Eine kritische Darstellung.

Inaugural-Dissertation

zur

Erlangung der philosophischen Doctorwürde

der

Philosophischen Facultät der Universität Leipzig

vorgelegt

von

Fürst Dmitry Tzerteleff.

Leipzig.
Druck von G. Reusche.
1879.

Vorrede.

Seit Cartesius ist die Frage nach der Realität der Aussenwelt eine der wichtigsten in der Philosophie geworden und sie wurde von ihm klar aufgefasst; leider ist aber seine Lösung derselben zu künstlich, da er seinen Beweis auf die Wahrhaftigkeit Gottes stützt und so an die Welt nur indirect durch die Idee Gottes gelangt. Im Grunde jeder rationalistischen Philosophie liegt die Ueberzeugung, dass die Gesetze des Denkens mit denjenigen des Seins zusammenfallen, so dass wir immer *a necesse ad esse* schliessen können. Hier ist nicht der Ort, die Richtigkeit solcher Schlüsse ausführlich zu beweisen, auf sie stützen sich aber stillschweigend alle positiven Wissenschaften, ohne sie verliert auch der Begriff des Gesetzes eine jede Bedeutung, und nicht allein die Möglichkeit einer Erkenntniss der Aussenwelt verschwindet, sondern auch die Möglichkeit des Denkens selbst, da in ihm der Widerspruch hereingetragen wird: Dasjenige, was sein muss, kann auch nicht sein. Die Richtigkeit der Schlüsse *a necesse ad esse* scheint eine so einleuchtende zu sein, dass Cartesius und Leibnitz sich beständig darauf stützen, ohne diesen Satz zu beweisen oder ihn nur ausdrücklich zu erwähnen. Ganz anders ist es in der „Kritik der reinen Vernunft," die den Grund zu einer neuen philosophischen Richtung gelegt hat. Nicht allein leugnet Kant die Möglichkeit der Schlüsse *a necesse ad esse*, sondern in der Nothwendigkeit der apriorischen Wahrheiten sieht er auch den Beweis ihres subjectiven Ursprungs, der sie in transcendenten Fragen unanwendbar macht, so dass diese Fragen unlösbar werden. Dadurch wird die nachkantische Philosophie zum Solipsismus verurtheilt, da der Uebergang von dem Subjecte zu dem Objecte unmöglich wird, gleichviel ob dieses Object ein denkendes oder ein ausgedehntes Wesen ist. Jeder, der mit Kant die Möglichkeit der Schlüsse *a necesse ad esse* nicht zugiebt, ist zu einem zwecklosen sich drehen in der Sphäre des Subjectiven verurtheilt, wenn er nicht daraus durch einen Sprung wie Schopenhauer herauskommen will. Was Schopenhauer betrifft, so verdankt er freilich seine gegenwärtige Bedeutung nicht so viel der Originalität und Bündigkeit seiner erkenntniss-theoretischen Anschauungen, als dem pessimistischen Character seiner Lehre und der glänzend-künstlerischen Darstellung in seinen Werken. Da aber in der letzten Zeit nicht allein die philosophischen Anhänger Schopenhauers, sondern auch so ausgezeichnete Naturforscher, wie Czermak und Zöllner, auf die Bedeutung seiner Erkenntnisstheorie hingewiesen haben, so wird auch, scheint mir, eine nähere Prüfung derselben nicht ohne Interesse sein.

Was den Plan der gegenwärtigen Abhandlung betrifft, so bin ich der Theilung gefolgt, die Schopenhauer in seiner vierfachen Wurzel des Satzes vom zureichenden Grunde giebt. Das erste Kapitel ist dem Grunde des Werdens und den Begriffen der Bewegung, des Raumes und der Zeit gewidmet. Hier musste ich auf die Kantische Lehre eingehen, da Schopenhauer sich öfters darauf beruft. Das zweite Kapitel behandelt die zwei anderen Klassen vom zureichenden Grunde, I. den Grund des Seins und II. den Grund des Erkennens. Da die Ansichten Schopenhauers über die intuitive und abstrakte Erkenntniss von denjenigen Lockes beinahe nicht abweichen, so habe ich einige Seiten von Leibnitz *„nouveaux essais"* als die beste Widerlegung dieser Ansichten angeführt. Das dritte Kapitel ist dem Widerstreite der idealistischen und materialistischen Richtungen bei Schopenhauer gewidmet, die vierte Klasse konnte ich nicht behandeln, da eine Kritik derselben nothwendig auf die metaphysische Frage der Freiheit des Willens geführt hätte. In dem vierten Kapitel endlich habe ich den Weg zu der Erkenntniss des Dinges an sich nach Schopenhauer nur angedeutet, da eine nähere Besprechung desselben wieder auf metaphysische Fragen geführt hätte.

Fürst D. Tzerteleff.

I.

Der Satz vom zureichenden Grunde. Seine Classen. Causalität. Bewegung. Raum und Zeit. Das Sehen.

Der einzigen Quelle jedes Beweises, dem Satze vom zureichenden Grunde, widmet Schopenhauer eine besondere Schrift: „Ueber die vierfache Wurzel des Satzes vom zureichenden Grunde." Er sagt mit Recht, dass ein Beweis desselben nicht verlangt werden könne, da ein solcher sich nur auf ihn selbst gründen könnte. Als Definition desselben nimmt er Wolfs Formel: *nihil est sine ratione cur sit potius quam non sit*, an. Die Wurzel dieses Satzes ist darin enthalten, dass unser erkennendes Bewusstsein als äussere und innere Sinnlichkeit oder Receptivität in zwei Theile, Subject und Object, zerfällt.

Object für das Subject sein, und unsere Vorstellung sein ist dasselbe. Alle unsere Vorstellungen sind Objecte für das Subject, und alle Objecte sind für das Subject Vorstellungen.

Nun aber findet sich, dass alle unsere Vorstellungen unter einander in einer gesetzmässigen und der Form nach *a priori* bestimmbaren Verbindung stehen, vermöge welcher nichts für sich Bestehendes und Unabhängiges, auch nichts Einzelnes und Abgerissenes, Object für uns werden kann.

Diese Verbindung ist es, welche der Satz vom zureichenden Grunde in seiner Allgemeinheit ausdrückt. Er zerfällt jedoch in mehrere Klassen; und eine Menge Missverständnisse und falscher Theorien ist dadurch entstanden, dass sie nicht genug unterschieden wurden. Schopenhauer zählt ihrer vier!

1) Den Grund des Werdens oder Ursache im engeren Sinne.
2) Den Grund des Erkennens.
3) Den Grund des Seins.
4) Den Grund des Handelns oder das Motiv.

Schopenhauer hat das grosse Verdienst, dass er die wichtige Rolle, welche das Causalitätsgesetz als apriorische Form unseres Verstandes in jeder äusseren Empfindung spielt, besonders klar hervorhebt. „Die Sinne nämlich liefern nichts weiter als den rohen Stoff, welchen allererst der Verstand mittelst der angegebenen einfachen Formen, Raum, Zeit und Kausalität, in die objektive Auffassung einer gesetzmässigen geregelten Körperwelt umarbeitet. Selbst in den edelsten Sinnesorganen ist die Empfindung nichts mehr, als ein lokales, specifisches, innerhalb seiner Art eigener Abwechselung fähiges, jedoch an sich selbst stets subjektives Gefühl, welches als solches gar nichts Objektives, also nichts einer Anschauung Aehnliches enthalten kann, sondern diese bleibt das Werk des Verstandes; drücke ich mit der Hand gegen den Fisch, so liegt in der Empfindung, die ich davon erhalte, durchaus nicht die Vorstellung des festen Zusammenhangs der Theile dieser Masse, ja gar nichts dem Aehnliches, sondern erst indem mein Verstand von der Empfindung zur Ursache derselben übergeht, konstruirt er sich einen Körper, der die Eigenschaft der Solidität, Undurchdringlichkeit und Härte hat. — Lässt man durch seine geschlossene Hand einen Strick laufen, so wird er als Ursache der Reibung und ihrer Dauer, bei solcher Lage seiner Hand, einen langen, cylinderförmigen, sich in einer Richtung gleichförmig bewegenden Körper konstituiren. Nimmermehr aber konnte ihm aus jener blossen Empfindung in seiner Hand die Vorstellung der Bewegung d. i. der Veränderung des Ortes im Raum, mittelst der Zeit entstehen: denn so etwas kann in ihr nicht liegen, noch kann sie allein es jemals erzeugen. Sondern sein Intellekt muss, vor aller Erfahrung, die Anschauungen des Raumes, der Zeit, und damit der Möglichkeit der Bewegung in sich tragen, und nicht weniger die Vorstellung der Kausalität, um nun von der allein empirisch gegebenen Empfindung überzugehen auf eine Ursache derselben und solche dann als einen sich also bewegenden Körper, von der bezeichneten Gestalt, zu konstruiren. Alles dieses also beweist, dass Zeit, Raum und Kausalität weder durch das Gesicht, noch durch das Getast, sondern überhaupt nicht von aussen in uns kommen, vielmehr einen innern, daher nicht empirischen, sondern intellektuellen Ursprung haben, woraus wieder folgt, dass die Anschauung der Körperwelt im Wesentlichen ein intellektueller Process, ein Werk des Verstandes ist, zu welchem die Sinnesempfindung bloss den Anlass und die Data zur Anwendung im einzelnen Falle liefert."*

Soweit ist Schopenhauers Ansicht klar: unsere Empfindungen geben den Stoff, welcher vom Intellekt verarbeitet wird und mit Hülfe seiner apriorischen Formen uns als objective Welt erscheint; noch eine weitere Anerkennung der Materie als Ursache unserer Empfindungen — und wir müssen nothwendig zum transcendentalen Realismus gelangen Wie nahe Schopenhauer einem solchen Schlusse war, sieht man daraus, dass er die Materie, als etwas „Reelles" und „Actives" bezeichnet. Er steht aber noch zu sehr unter Kants Einfluss, um sich auf den Standpunkt des Realismus stellen zu können. An einer Stelle behauptet er, dass die Materie durch und durch lauter Causalität sei, an einer andern, dass Substanz identisch sei mit Materie, und später findet sich, dass Materie die Sichtbarkeit des Willens ist. Daraus folgt, dass Causalität, Materie, Substanz und Erscheinung identische Begriffe sind; sobald aber Schopenhauer die Ursache näher zu bestimmen versucht, wird die Verwirrung noch vollständiger.

„Wenn ein neuer Zustand eines oder mehrerer realer Objekte eintritt, so muss ihm ein anderer vorangegangen sein, auf welchen der neue regelmässig, d. h. allemal, so oft der

---

*) Ueber die vierfache Wurzel. S. 52, 55, 56, 57.

erstere da ist, folgt. Ein solches Folgen heisst ein Erfolgen und der erstere Zustand die Ursache, der zweite die Wirkung. — Jede Veränderung kann nur eintreten dadurch, dass eine andere, nach einer Regel bestimmte, ihr vorangegangen ist, durch welche sie aber dann als nothwendig herbeigeführt eintritt: diese Nothwendigkeit ist der Kausalnexus."*

Aber eine solche Bestimmung der Ursache ist ein offenbarer logischer Kreis. Schopenhauer wiederholt öfters, dass jede Nothwendigkeit nur darum Nothwendigkeit sei, weil sie sich auf eine der Klassen des Satzes vom zureichenden Grunde stütze.

„Die Nothwendigkeit hat keinen andern wahren und deutlichen Sinn, als den der Unausbleiblichkeit der Folge, wenn der Grund gesetzt ist."** So findet sich, dass die Veränderung A der Veränderung B nothwendig vorangeht, weil sie die Ursache der letzteren ist, sie ist aber die Ursache derselben nur darum, weil sie ihr nothwendig vorangeht. Abgesehen davon, dass eine solche Definition nichts erklärt, entspricht sie auch nicht dem allgemeinen Causalitätsbegriffe. Der Blitz z. B. geht immer dem Donner voran, und doch wird Niemand behaupten, dass der Blitz die Ursache des Donners ist; im Gegentheil schreiben wir das Aufeinanderfolgen von Blitz und Donner einer gemeinsamen sie hervorrufenden Ursache zu.

Endlich kann das Beispiel, welches Schopenhauer zum Beweise der Apriorität des Causalitätsgesetzes anführt, gegen ihn selbst gerichtet werden: „Ja sogar die Succession von Tag und Nacht wird ohne Zweifel objektiv von uns erkannt, aber gewiss werden sie nicht als Ursach und Wirkung von einander aufgefasst, und über ihre gemeinschaftliche Ursache war die Welt bis auf Kopernikus im Irrthum, ohne dass die richtige Erkenntniss ihrer Succession darunter zu leiden gehabt hätte. Hierdurch wird, beiläufig gesagt, auch Hume's Hypo-

---

*) Ueber die vierfache Wurzel etc. 34, 36.
**) Ueber die vierfache Wurzel etc. 153.

these widerlegt, da die älteste und ausnahmsloseste Folge von Tag und Nacht doch nicht vermöge der Gewohnheit irgend Einen verleitet hat, sie für Ursach und Wirkung von einander zu halten."* Dadurch wird aber auch Schopenhauers eigene Definition umgestossen.

Wollen wir annehmen, es sei uns *a priori* klar, dass das Sonnensystem nothwendig in seiner gegenwärtigen Gestalt existiren müsse, so wird uns auch die nothwendige Succession von Tag und Nacht *a priori* klar sein, — aber daraus folgt doch nicht, dass der Tag die Ursache der Nacht und die Nacht die Ursache des Tages sei. Jede Veränderung hat eine Ursache; das beweist aber keineswegs, dass jede Ursache selbst eine Veränderung sei, so dass sie wiederum eine Ursache haben müsse, und so weiter in's Unendliche. Aristoteles hat schon die Unmöglichkeit einer solchen unendlichen Reihe von Ursachen bewiesen, aber dessenungeachtet behauptet Schopenhauer eine solche unendliche Reihe als etwas von sich selbst evidentes, er beweist nicht, dass die Ursache einer Vorstellung wiederum nur eine Vorstellung sein kann; daran denkt er auch gar nicht; im Gegentheil, Kraft seiner subjectivistischen Vorurtheile, hält er die Lösung der Frage im Sinne der Immanenz für etwas von sich selbst Verständliches, während, wie auch v. Hartmann bemerkt, sein eigener Beweis der apriorischen Entstehung der Causalität das Gegentheil darthut. Schopenhauer beruft sich auf die Unmöglichkeit, solche Sätze zu beweisen; aber aus demselben Grunde können sie auch nicht widerlegt werden. Darum wird es genügend sein, wenn wir zeigen, dass das, was er Ursache nennt, dem gebräuchlichen Begriffe nicht entspricht.

Es wird wohl schwerlich Jemand das Causalitätsgesetz folgendermaassen ausdrücken: „jede Ursache hat eine Ursache," und doch ist dieser Satz nach Schopenhauers Theorie gleichbedeutend mit dem Satze: „jede Veränderung hat ihre Ursache." Es ist überhaupt nicht leicht, solche Grundbegriffe, wie

---

*) Ueber die vierfache Wurzel etc. 88.

Ursache, Substanz, Zeit und andere zu definiren und es wäre vielleicht am besten, nur darauf hinzuweisen, dass die Ursache ein zureichender Grund des Werdens ist. Aber wenn Schopenhauer den inneren, eigentlichen Sinn der Causalität bestimmen wollte, so hätte er nur von der transcendenten Ursache (was er auch in seinem Werk „über die Freiheit des Willens" thut) im Sinne — Kant's und Schellings sprechen müssen. Im allgemeinen Gebrauche, wie das aus dem Worte „Ursache" selbst zu ersehen ist, wird mit der Ursache immer der Begriff des Anfangs verbunden, und in der gewöhnlichen Sprache wird mit diesem Worte nicht eine Veränderung bezeichnet, die nothwendig einer anderen vorangehen und von einer dritten gefolgt werden muss, sondern eine solche, vor der es entweder keine nothwendige Folge der Erscheinungen giebt, oder bei der wenigstens diese Folge uns unbekannt bleibt. Man sagt z. B. dieser Mensch hat jenen getödtet, das heisst, die Ursache seines Todes wird nicht in der Explosion des Pulvers, dem Fluge der Kugel u. s. w. gesucht, denn alles dieses war nur eine Reihe von nothwendig aufeinanderfolgenden Erscheinungen; und eine solche Nothwendigkeit ist einem Jeden klar. Nur da, wo wir eine freie Handlung nicht als Anfang einer ganzen Reihe von Erscheinungen finden, nur da bezeichnen wir — und hier auch nicht im eigentlichen Sinne — eine dieser Erscheinungen als Ursache der anderen; aber auch dann suchen wir die Reihe der Erscheinungen so weit als möglich zu verfolgen, um wenigstens die Anzahl solcher Ursachen-Erscheinungen zu verringern; aber auch dadurch wird der Verstand nicht befriedigt, und fordert die letzte Ursache, die ihm nothwendig als freie Handlung erscheint. Darauf gründet sich der kosmologische Beweis.

Schopenhauer glaubt, dass, nachdem er die Ursache willkürlich definirt hat, damit auch den Beweis selbst umgestossen zu haben; mir scheint es aber, dass schon die Existenz eines solchen Beweises davon zeugt, dass Schopenhauer das Wort „Ursache" nicht so verstanden habe, wie die anderen Philosophen, wenigstens vor Kant, oder was dasselbe ist, ihn falsch verstanden habe, da Niemand das Recht hat, die Bedeutung eines Wortes zu ändern, welches schon Jahrhunderte lang einen bestimmten Sinn besitzt.

Aber das Causalitätsgesetz zeugt auch freilich nicht von einer Schöpfung *ex nihilo*, es betrifft nur die Veränderungen, und es darf nicht gefragt werden: warum überhaupt Etwas existirt, oder warum ein Körper, welcher sich in Ruhe befindet und gewisse Eigenschaften hat, in Ruhe verharrt, und diese Eigenschaften beibehält?

Auf eine solche Frage giebt es nur eine Antwort: darum, weil keine Ursache zur Veränderung dieses Zustandes und dieser Eigenschaften vorhanden ist.

Schopenhauer selbst sagt mit Recht, indem er von der Apriorität des Causalitätsgesetzes spricht: „wir können uns denken, dass das Gesetz der Gravitation ein Mal aufhört zu wirken, nicht aber, dass dieses ohne Ursache geschehe."* Eben so wie ein Körper, der sich in Ruhe befindet, ewig in Ruhe bleiben muss, wenn es für ihn keine Ursache der Bewegung giebt, eben so muss auch ein sich bewegender Körper sich ewig mit derselben Geschwindigkeit und in derselben Richtung fortbewegen, wenn keine Ursache vorhanden ist, die ihn nöthigen kann, diese Geschwindigkeit und diese Richtung zu verändern. Aber die Bewegung selbst ist schon eine Veränderung des Ortes im Raum und deshalb bleibt auch die Möglichkeit der Frage, warum sich ein Körper überhaupt bewegt, obgleich nicht gefragt werden darf, warum ein Körper, welcher sich schon in Bewegung befindet, diese Bewegung fortsetzt; wenn aber diese Frage die Fortsetzung der Bewegung nicht berühren kann, so betrifft sie doch offenbar ihren Anfang und darum setzt Bewegung Ruhe voraus. Schopenhauers Behauptung, dass die Ursache der Bewegung nicht gesucht werden darf, da allen Körpern Ruhe und Bewegung indifferent sind, stammt daher, dass er, wie

---

*) Vierfache Wurzel etc. 89.

Kant, der Ruhe eine der Bewegung gleiche positive Bedeutung zuschreibt. Indessen wird der Begriff der Ruhe durch Negation der Bewegung gänzlich erschöpft, so dass Ruhe und Unbeweglichkeit Synonyme sind.

Wenn ich die Ruhe negire, so behaupte ich zwar die Bewegung, aber keine wirkliche, nicht diese oder jene reelle Bewegung, sondern nur Bewegung *in abstracto*, nur den Begriff derselben, so dass, wenn gesagt wird, dass ein Körper den Zustand der Ruhe verlassen habe, ich meinerseits keine Idee habe von seiner wirklichen Bewegung, bis ich nicht weiss, mit welcher Geschwindigkeit und in welcher Richtung er sich fortbewegt. Im Gegentheil, wenn ich weiss, dass ein Körper aufgehört hat, sich zu bewegen, so weiss ich auch, dass er sich im Zustande der Ruhe befindet, wobei die Frage — in welcher Ruhe? ohne Bedeutung ist. Bei Schopenhauer ist auf solche Einwände keine Antwort zu finden; er hält offenbar diese Frage der Bewegung so wie diejenigen des Raumes und der Zeit für vollständig gelöst durch Kants Lehre. Kant unterscheidet zwei Arten des Raumes: den Raum, der selbst beweglich ist, den materiellen oder auch relativen Raum, und den, in welchem alle Bewegung zuletzt gedacht werden muss, der mithin selbst schlechterdings unbeweglich ist, den reinen oder absoluten Raum.*

Alle Bewegung, die ein Gegenstand der Erfahrung ist, ist blos relativ; der Raum in dem sie wahrgenommen wird, ist ein relativer Raum, der selbst wiederum und vielleicht in entgegengesetzter Richtung in einem erweiterten Raume sich bewegt; mithin kann auch die in Beziehung auf den ersteren bewegte Materie im Verhältniss zu dem zweiten Raume ruhig genannt werden; und diese Abänderungen des Begriffs der Bewegung gehen mit der Veränderung des relativen Raumes so ins Unendliche fort.** — Einen absoluten Raum d. i. einen

---

*) Kant. Sämmtl. Werke, v. Hartenstein. Bd. VIII. S. 454, 456. 457.
**) Hier ist schon der Satz, welcher als Grundlage der transcendentalen Aesthetik gedient hat, leicht zu erkennen; die Formen der Erscheinungen sind auf die Formen unserer Anschauung zurückgeführt.

solchen, der, weil er nicht materiell ist, auch kein Gegenstand der Erfahrung sein kann, als für sich gegeben annehmen, heisst etwas, das weder an sich, noch in seinen Folgen (der Bewegung im absoluten Raume) wahrgenommen werden kann, um der Möglichkeit der Erfahrung willen annehmen, die doch jederzeit ohne ihn angestellt werden muss.

Der absolute Raum ist an sich nichts und gar kein Object, sondern bedeutet nur einen jeden anderen relativen Raum, den ich mir ausser dem gegebenen jederzeit denken kann, und den ich nur über jeden gegebenen in's Unendliche hinausrücke, als einen solchen, der diesen einschliesst und in welchem ich den ersteren als bewegt annehmen kann.*

Wie einfach eine solche Erklärung auf den ersten Blick auch erscheinen mag, so ist sie doch nicht überzeugend. Erstens ist die Bewegung im Raume mit der Bewegung des Raumes nicht zu verwechseln und unter dem letzteren ist es schwer, etwas anderes als die Bewegung ausgedehnter Dinge zu verstehen. Wollen wir aber annehmen, dass ein empirisch gegebener Raum S sich in einem anderen S' bewegt, so frägt es sich — was bleibt dann im S' an dem Orte, welchen vorher S eingenommen hatte? Ebenfalls Raum? Aber wodurch unterscheidet er sich dann von demjenigen, welcher dort vorher gewesen war, und jetzt fortgerückt ist? Ist es nicht klar, dass nicht der Raum selbst fortgerückt ist, sondern Etwas, was eine bestimmte Stelle in ihm eingenommen hatte (nach Kants eigener Definition das, was sich bewegen kann — Materie.)? Kant behauptet, dass es ganz gleich sei, ob man voraussetzt, dass ein Körper sich im Raume mit einer gewissen Geschwindigkeit und in einer gewissen Richtung bewegt, oder, dass der Raum sich mit derselben Ge-

---

*) Diese Zeilen werden schwerlich eine realistische Deutung zulassen, und obgleich an anderen Stellen, auf die sich Herr Prof. Zöllner beruft, Kant erklärt, dass der absolute Raum nicht für ein blosses Gedankending zu halten sei, so werden doch diese Stellen kaum mit den eben citirten zusammen-passen und scheinen sie mir überhaupt im Widerspruche mit der Hauptidee des Systems zu stehen.

schwindigkeit ihm entgegenbewegt. Wollen wir annehmen, dass ein Körper A sich im Raume S mit der Geschwindigkeit V fortbewegt und geben wir nun zu, dass nicht der Körper A, sondern der Raum S sich mit der Geschwindigkeit V dem Körper A entgegenbewegt, und nehmen wir ferner an, dass in demselben Raume sich ein anderer Körper B in einer dem Körper A entgegengesetzten Richtung bewege, so werden wir aus demselben Grunde voraussetzen müssen, dass der Raum S sich in einer B entgegengesetzten Richtung bewegt, d. h. in der Richtung des Körpers A, was der ersten Voraussetzung widerspricht. Uebrigens kann nach Kant's Theorie ein und derselbe Körper sich zu gleicher Zeit in zwei und auch mehr verschiedenen Richtungen bewegen. Er erklärt es auf folgende Weise: Wenn sich ein Körper bewegt mit einer gewissen Geschwindigkeit und in einer gewissen Richtung im empirisch gegebenem Raume, so kann sich dieser Raum selbst auch in anderer Richtung und mit anderer Geschwindigkeit bewegen, welche er dem in ihm sich bewegenden Körper mittheilt. Aber bei dem angeführten Beispiel ist diese Erklärung schwer anzuwenden, da beide Körper sich in einem und demselben empirisch gegebenen Raume bewegen, und es ausserdem gleich ist, ob er sich selbst bewegt oder nicht. Die Schwierigkeit, dass ein Körper, der unserer Ansicht nach in Ruhe war, später als ein sich bewegender gefunden werde, vermeidet Kant doch nicht, da laut seiner Erklärung immer ein neuer Raum vorausgesetzt werden muss, in welchem sich der erste bewegt u. s. w. ad infinitum.

Wir wollen jetzt die anderen Beweisgründe, auf welche Kant seine Dynamik stützt, betrachten. Der Bewegung des Körpers, sagt er, kann nur eine Bewegung in entgegengesetzter Richtung und nicht die Ruhe widerstehen, und darum ist bei dem Zusammentreffen eines sich bewegenden Körpers A mit einem ruhenden Körper B kein Grund vorhanden, dass die Bewegung des Körpers A aufhöre oder sich verzögere, wenn der Körper B ein ruhender wäre; daraus folgert Kant, dass die Ruhe des Körpers B eine scheinbare ist, und dass der Körper B selbst sich bezüglich des Körpers A bewegt. Da aber jeder Körper, welcher sich in einem empirisch gegebenen Raume in Ruhe befindet, allen anderen, in welcher Richtung sie sich auch bewegen sollten, einen gleichmässigen Widerstand leistet, so muss nothwendig vorausgesetzt werden, dass jeder Körper zu gleicher Zeit sich in allen möglichen Richtungen mit gleicher Geschwindigkeit bewegt. Dann wird aber der Unterschied zwischen einer solchen Bewegung und dem Zustande der Ruhe kaum zu ersehen sein, da der Körper den Raum, welchen er in einer Richtung durchläuft, in derselben Zeit und mit derselben Geschwindigkeit in gerade entgegengesetzter Richtung durchlaufen muss und daher trotz seiner Bewegung nicht von der Stelle kommen kann. Wie gezwungen diese ganze Kantische Theorie des Raumes und der Bewegung ist, kann man schon daraus ersehen, dass Kant die Bewegung des Raumes im Falle einer drehenden Bewegung der Körper nicht zulässt und sie für einen Schein erklärt.

Die Unmöglichkeit, irgend einen ruhenden Körper im Raume aufzuweisen, beweist gar nicht, dass sich der Raum selbst bewege. Allerdings sind zur Bestimmung der Bewegung wenigstens zwei Gegenstände nöthig, aber wenn wir annehmen, dass, indem sich beide bewegen, plötzlich einer von ihnen verschwindet, wird darum der andere seine Bewegung unterbrechen? Es scheint doch klar, dass nicht die Bewegung aufhört, sondern die Möglichkeit, darüber zu urtheilen. Pascal vergleicht den Raum mit einer Sphäre, deren Centrum überall und deren Peripherie nirgends ist. Ein empirisch gegebener Raum erscheint uns auch als Sphäre, aber als eine solche, deren Mittelpunkt an dem Orte liegt, wo der Beobachter selbst steht; und es versteht sich dann, dass er nur im Innern der Sphäre von der reellen Bewegung urtheilen kann. Kants Phoronomie ist eng verbunden mit der transscendentalen Aesthetik, — diesem kostbaren Brillanten seiner Krone, wie Schopenhauer sie nennt. Nach Schopenhauers Meinung sind die Kantischen Beweise voller Ueberzeugungskraft; er meint, wie Kant, dass die apriorische Entstehung von Zeit und Raum durch die Unmöglichkeit, von ihnen zu abstrahiren, bewiesen sei, und dass diese Unmöglichkeit zugleich ihre rein subjective Bedeutung, d. h., dass sie nur Formen unserer Anschauung sein können, darthue? Aber aus der apriorischen oder sogar subjectiven Entstehung von Zeit und Raum folgt noch nicht, dass sie nicht auf die äussere Welt angewandt werden könnten, da es nicht bewiesen ist, dass die Formen unseres Denkens nicht den Formen der Dinge an sich entsprechen könnten; auf eine solche Möglichkeit weist, wie bekannt, Trendelenburg hin. Schopenhauer hält es aber nicht für nöthig, diese Möglichkeit zu widerlegen und zählt die Schlüsse der transscendentalen Aesthetik zu den glänzendsten und unzweifelhaftesten Resultaten der philosophischen Untersuchung; doch nicht alle Sätze der Kritik der reinen Vernunft hält er für gleich unzweifelhaft; im Gegentheil, in vielen Beziehungen tritt er als einer ihrer entschiedensten Gegner auf.

Die fehlerhafte Ableitung des Dinges an sich nennt Schopenhauer die Achillesferse der Kantischen Philosophie; er zeigt die Unhaltbarkeit des Kantischen Beweises, nach welchem die Materie der phänomenalen Welt dem Dinge an sich zugeschrieben werden muss, da sie nicht von den Formen der Erscheinungen abgeleitet werden kann, sondern, nachdem sie von ihnen abstrahirt ist, als secundäres Element zurückbleibt, welches aber dabei gar nicht von der Willkür des erkennenden Subjects abhängt, und darum eine äussere Ursache haben muss.

Schopenhauer behauptet, dass, wenn wir die Materie der empirischen Erkenntniss auf ihre Quelle zurückführen, wir sie in den Veränderungen unserer Sinnesempfindungen treffen werden.*

---

*) Auf die Schopenhauerschen Einwendungen erwidert Cohen (Kants Theorie der Erfahrung. S. 165—182): hier ist nicht der Ort, in eine nähere Prüfung dieses Streites einzugehen. Ich will nur darauf aufmerksam machen, dass der wahre Sinn der Kantischen Theorie nicht

Eine umständliche Kritik des Kantischen Systems giebt Schopenhauer im Anhange des ersten Bandes der „Welt als Wille" und in dem Artikel der Parerga: Fragmente zur Geschichte der Philosophie, § 13.

Mit dem Begriffe der Causalität ist nach Schopenhauers Meinung die Anschauung verbunden, sie ist keine Empfindung, — Empfindung verwandelt sich nur dann in Anschauung, wenn der Verstand sie objectivirt.

Aber wie kommt eine solche Objectivation zu Stande? Was hat meine Empfindung mit dem Objecte gemein, das ich für ihre Ursache halte? „Die Empfindung bleibt stets etwas rein subjectives und erst wenn der Verstand, — eine Function, nicht einzelner zarter Nervenenden, sondern des so künstlich und räthselhaft gebauten, drei, ausnahmsweise aber bis fünf Pfund wiegenden Gehirns, — in Thätigkeit geräth und seine einzige und alleinige Form, das Gesetz der Causalität, in Anwendung bringt, geht eine mächtige Verwandlung vor, indem aus der subjectiven Empfindung die objective Anschauung wird. Er nämlich fasst, vermöge seiner selbsteigenen Form, also *a priori*, d. h. vor aller Erfahrung (denn diese ist bis dahin noch nicht möglich), die gegebene Empfindung des Leibes als eine Wirkung auf (ein Wort, welches er allein versteht), die als solche nothwendig eine Ursache haben muss."* Es bleibt schwer zu verstehen, auf welche Weise sogar ein fünf Pfund wiegendes Gehirn subjective

---

leicht zu fassen ist, wie man das aus dem Streite von Trendelenburg mit K. Fischer ersehen kann, der eine noch bis jetzt dauernde Polemik hervorgerufen hat. Wenn aber Lange, Cohen und Andere nicht allein Trendelenburg oder Hartmann, sondern auch Schopenhauer, der selbst ein Anhänger Kants ist, der Unverständlichkeit seiner Werke beschuldigen, so beweist dies doch entweder, dass sie überhaupt nicht zu verstehen sind (wenigstens im Sinne der Neu-Kantianer), oder dass für ein solches Verständniss und für die Lösung aller Widersprüche es nothwendig ist, zu solchen Deutungen seine Zuflucht zu nehmen, die, wie das v. Hartmann bemerkt, mehr Gemeinsames mit der Theologie oder Philologie, als mit der Philosophie haben.

*) Ueber die vierfache Wurzel etc. 52—53.

Empfindungen in etwas Objectives verwandeln kann; der Unterschied ist hier nicht quantitativ, sondern qualitativ. Czermak, Zöllner und Frauenstädt weisen auf die Analogie der Schopenhauerschen Theorie mit derjenigen von Young und Helmholtz hin. Ich kann mich leider bei diesem Punkte nicht aufhalten. Was aber die Farbenlehre betrifft, so will ich allein bemerken, dass Schopenhauer seine Theorie überall mit Goethes Farbenlehre verbindet. Der wesentliche Unterschied zwischen Schopenhauer und Goethe besteht nur darin, dass der Erstere hauptsächlich den subjectiven, physiologischen Charakter der Erscheinungen betrachtet, der Letztere ihre objective Ursache. Uebrigens leidet er ebenso wie Goethe an dem *furor anti=Newtonianismus* und weist auf die Zusammensetzung der weissen Farbe aus sieben als auf einen vollständigen Unsinn hin; freilich, wenn wir nur die physiologische Seite der Erscheinung betrachten, so kann das Weisse aus zwei Farben entstehen, man darf aber dabei den Unterschied zwischen der Lichtempfindung und dem Lichte, als ihrer physischen Ursache, nicht vergessen. „Im Allgemeinen macht verschiedenartiges Licht, in welchem Wellenzüge von verschiedenen Werthen der Wellenlängen enthalten sind, unserem Auge einen verschiedenen Eindruck, nämlich den verschiedener Farbe. Aber die Zahl der wahrnehmbaren Farbenunterschiede ist viel kleiner, als die der verschiedenartigen Gemische von Lichtstrahlen, welche die Aussenwelt unserem Auge zusenden kann. Die Netzhaut unterscheidet nicht das Weiss, was nur aus scharlachrothem und grünblauem Lichte zusammengesetzt ist, von dem, was aus grüngelbem und violettem, oder aus gelbem und ultramarinblauem oder aus rothem, grünem und violettem Lichte, oder aus allen Farben des Spectrum zusammengesetzt ist. Alle diese Gemische erscheinen identisch weiss; physikalisch verhalten sie sich verschieden, und es lässt sich sogar keinerlei Art von physicalischer Aehnlichkeit nachweisen, welche die genannten verschiedenen Lichtgemische haben, wenn wir von ihrer Ununterscheidbarkeit für das Auge absehen. So würde zum

Beispiel eine mit Roth und Grünblau beleuchtete Fläche in einer Photographie schwarz, eine andere mit Gelbgrün und Violett beleuchtete dagegen sehr hell werden, obgleich beide Flächen dem Auge ganz gleich weiss erscheinen. Ferner, wenn wir farbige Körper mit solchem verschieden zusammengesetzten weissen Lichte erleuchteten, würden sie ganz verschieden gefärbt und beleuchtet erscheinen. So oft wir durch ein Prisma dergleichen Licht zerlegten, würde seine Verschiedenheit zu Tage kommen; eben so, so oft wir durch ein farbiges Glas darnach hinsähen."* — Goethes Farbenlehre hat wie das auch Wundt bemerkt, bei denjenigen Annahme gefunden, die sich mehr für den unmittelbaren Eindruck, als für den innern Zusammenhang der Naturerscheinungen interessiren, wie das zum Beispiel bei dem Künstler und Philosophen öfters stattfindet. In der That stimmt Schopenhauer in dieser Beziehung mit seinem ärgstem Gegner, Hegel, überein, welcher auch die Zusammenstellung der weissen Farbe verwirft und für Newtons Theorie nicht genug verächtliche Epitheta finden kann.**

---

*) H. Helmholtz, Popul.-Wissenschaftl. Vorträge, II. Heft. S. 39—40.
**) Encyklopädie der philosophischen Wissenschaften, §. 320, Hegel's Werke. 2te Aufl. S. 298—336.

II.

Anschauung und Abstraction. Satz vom zureichenden Grunde des Seins und vom zureichenden Grunde des Erkennens. Logik und Mathematik.

Im vorigen Capitel haben wir gesehen, wie Schopenhauer das Causalitätsgesetz im engeren Sinne, (zureichenden Grund des Werdens) versteht; was aber den zureichenden Grund des Erkennens betrifft, so regiert er die Gesetze des Denkens bei abstracten Vorstellungen d. h. Begriffen. Auf diesen Satz gründet sich die Mehrzahl der philosophischen Systeme. „Ein solches Hin- und Herwerfen von abstrakten Begriffen nach Art der algebraischen Gleichungen, welches man heut zu Tage Dialektik nennt, liefert aber nicht, wie die wirkliche Algebra, sichere Resultate, weil hier der durch das Wort vertretene Begriff keine fest und genau bestimmte Grösse ist, wie die durch den Buchstaben der Algebra bezeichnete sondern ein Schwankendes, Vieldeutiges, der Ausdehnung und Zusammenziehung Fähiges."* Diese Unbestimmtheit der philosophischen Ausdrücke ist natürlich eine der Hauptursachen des fortwährenden Streitens, welches der Philosophie vorgeworfen wird. Wenn in der Geometrie von Kreis, Quadrat oder Elipse gesprochen wird, so legen Alle jedem dieser Worte einen bestimmten Sinn bei, und darum ist es nicht schwer, aus ihnen Schlüsse zu ziehen; wenn aber vom Absoluten, Sein, Ursache und Ziele gesprochen wird, so findet sich oft nach langem Streite, dass nur über Worte ge-

---

*) Schopenhauer, Welt als Wille. II. Band S. 7. 9.

stritten wurde, dass ein und dasselbe verschieden genannt, oder umgekehrt, unter einer Benennung verschiedene Dinge gemeint wurden.

Eine solche Unbestimmtheit kommt theils davon, dass die philosophischen Termini nicht wie diejenigen der Mathematik, ihr allein eigen sind; sie sind nicht ausschliesslich für sie gebildet, sondern der Umgangssprache entnommen, in welcher sie zuweilen ganz andere Bedeutung haben; diesem wäre leicht abzuhelfen, indem man, nach Schopenhauers Rathe, in der Philosophie und in den anderen Wissenschaften sich allein der griechisch-lateinischen Terminologie bediente, die dann diese Termini von der unpassenden Ideenassociation befreien würde. Es giebt aber noch eine andere tiefere und schwerer zu beiseitigende Ursache der Unbestimmtheit der philosophischen Terminologie; diese Ursache liegt in der Entstehung der Rede selbst; jedes Wort ist eine Abstraction; so lange, als dasjenige, wovon es abstrahirt ist, nahe liegt, so lange man darauf hinweisen kann, ist es nicht schwer zu untersuchen, ob demselben Worte derselbe Begriff entspricht — es bedarf nur eines Vergleichs jener sichtbaren Dinge, auf welche es angewandt wird; aber je abstracter die Begriffe sind, desto schwieriger wird es, dieselben auszuführen. „Die Anschauungen liefern den realen Gehalt alles unseres Denkens," sagt Schopenhauer, „und überall, wo sie fehlen, haben wir nicht Begriffe, sondern blosse Worte im Kopfe gehabt. In dieser Hinsicht gleicht unser Intellekt einer Zettelbank, die, wenn sie solid sein soll, Kontanten in Kassa haben muss, um erforderlichenfalls alle ihre ausgestellten Noten einlösen zu können: die Anschauungen sind die Kontanten, die Begriffe die Zettel."[*]

Aber wie klar in meinem inneren Bewusstsein auch ein Gefühl oder Begriff sein mag, so kann ich es doch nicht ausdrücken, wenn es in der Aussenwelt nichts Analoges giebt, wenn dieser innere Zustand von nichts Aeusserem abhängt,

---

[*] Welt als Wille. II. Bd. S. 76.

nur mittels der materiellen Welt kann ich auf Andere wirken und ihre Wirkungen wahrnehmen. Aber wenn es so ist, so kann man nicht Anschauung (ich meine die Anschauung der Aussenwelt) und Abstraction zu den einzigen Quellen der Erkenntniss machen. Es bleibt noch die Möglichkeit einer unmittelbaren inneren Erkenntniss. Die Unmöglichkeit, alles auf diese Weise Erkannte mit Worten wiederzugeben, hängt von der Beschaffenheit dieser Erkenntniss selbst ab, und giebt noch kein Recht, die Möglichkeit ihrer Existenz zu bestreiten, wie es Schopenhauer thut, obgleich er selbst für die unmittelbare Erkenntniss des Willens doch eine Ausnahme zulässt. Die Unmöglichkeit einer genauen Wiedergabe einer solchen Erkenntniss kann um so weniger als Grund zu ihrer Verwerfung dienen, als sogar die Anschauung der Aussenwelt, diese einzige Quelle jeder Erkenntniss, weder wiedergegeben, noch ihrem Wesen nach ausgedrückt werden kann, und Schopenhauer ist genöthigt, zu gestehen, dass, „obgleich jede Weisheit und jede Wahrheit in der Anschauung liegt, diese sich dennoch leider weder festhalten, noch mittheilen lässt; allenfalls lassen sich die objektiven Bedingungen dazu, durch die bildenden Künste und schon viel mittelbarer durch die Poesie gereinigt und verdeutlicht den Anderen vorlegen; aber sie beruht eben so sehr auf subjectiven Bedingungen, die nicht Jedem und Keinem jederzeit zu Gebote stehen, ja die in den höhern Graden der Vollkommenheit nur die Begünstigung Weniger sind."*

Die Anschauung ist nicht nur die Quelle aller Erkenntniss, sondern sie selbst, die Erkenntniss $\varkappa \alpha \tau' \varepsilon \xi o \chi \eta' \nu$, ist allein die unbedingt wahre, die ächte, die ihres Namens vollkommen würdige Erkenntniss: denn sie allein ertheilt eigentliche Einsicht, sie allein wird vom Menschen wirklich assimilirt, geht in sein Wesen über und kann mit vollem Grunde sein heissen; während die Begriffe ihm bloss ankleben.** Nur eine grosse intuitive Begabung macht das Genie, nach

---

*) Welt als Wille B. II. S. 79.
**) ib. S. 83.

Schopenhauer; die Fähigkeit zu abstrahiren und Syllogismen zu bilden ist nur eine untrennbare Eigenschaft des vernünftigen Wesens überhaupt. Indem Schopenhauer der intuitiven Erkenntniss den Vorzug vor der abstracten giebt, folgt er Locke und geht beinahe eben so weit.

Ein jeder Mensch mit gesundem Verstande wird einen logischen Beweis verstehen können, das heisst aber nicht, dass er selbst einen solchen finden könnte. Zwei Prämissen können sehr lange in demselben Kopfe liegen, wie das Schopenhauer selbst bemerkt, bis sie zusammentreffen, und daraus plötzlich wie durch Inspiration der Schluss entspringt. Den medius terminus zu finden kann man nicht lehren, man kann keine Regeln dafür geben; der Eine wird ihn leicht treffen, der Andere niemals, wie sehr er sich auch bemühe.

v. Hartmann bemerkt mit Recht, dass sogar zur Lösung jeder beliebigen geometrischen Aufgabe schon etwas Mystisches, etwas der Inspiration ähnliches nöthig sei; diese allen innewohnende Fähigkeit ist lange nicht gleichmässig vertheilt und bildet das Genie, wenn sie ihre höchste Entwickelung erreicht. Schopenhauer trennt mit Unrecht in dieser Hinsicht die intuitive Erkenntniss von der abstracten. Geniale Mathematiker kann es eben so gut geben, wie geniale Dichter und Componisten; das auszeichnende des Genies ist nur eine gewisse Passivität, — Bilder, Laute, Begriffe tauchen in ihm von selbst empor, als wenn sie ihm von Jemand vorgesagt wären. Hier ist nur die Weise der Erkenntniss und nicht ihr Gegenstand wichtig. Während Anschauung die ächte Quelle jeder Erkenntniss ist, so ist nach Schopenhauer die Abstraction nur ihr reflectirtes Bild; das Wort Reflexion drückt treffend diese Art der Erkenntniss aus, welche nur Abbild der intuitiven, nur Vorstellung von Vorstellungen ist. Daher kommt es, dass, während in der intuitiven Erkenntniss nur eine momentane Täuschung möglich ist, in den abstracten · Wissenschaften Irrthümer Jahrtausende lang herrschen. Die Vernunft, welche vielmehr als der Verstand denselben unterworfen ist, bildet dennoch nach Schopenhauers Meinung den einzigen Zug, der den Menschen von den Thieren unterscheidet; sie macht ihn zum Herrscher der Welt, sie giebt ihm die Möglichkeit, nicht unter dem Einflusse des gegenwärtigen Moments zu handeln, sondern consequent nach einem vorher entworfenen Plane.

Aber die Logik als Wissenschaft ist nur als Untersuchung der Denkgesetze von Interesse und findet in der Praxis keine Anwendung: „Praktischen Gebrauch von der Logik machen wollen, hiesse also Das, was uns im Einzelnen unmittelbar mit der grössten Sicherheit bewusst ist, erst mit unsäglicher Mühe aus allgemeinen Regeln ableiten wollen: es wäre gerade so, wie wenn man bei seinen Bewegungen erst die Mechanik, und bei der Verdauung die Physiologie zu Rathe ziehen wollte: und wer die Logik zu praktischen Zwecken erlernt, gleicht dem, der einen Bieber zu seinem Bau abrichten will."*

Die Entstehung dieser Wissenschaft erklärt sich Schopenhauer auf folgende Weise: „Als unter den Eleatikern, Magarikern und Sophisten die Lust am Disputiren sich immer mehr entwickelt hatte und allmälig fast zur Sucht gestiegen war, musste die Verwirrung, in welche fast jede Disputation gerieth, ihnen bald die Nothwendigkeit eines methodischen Verfahrens fühlbar machen; als Anleitung zu welchem eine wissenschaftliche Dialektik zu suchen war. Das Erste, was bemerkt werden musste, war, dass beide streitenden Parteien allemal über irgend einen Satz einig schon sein mussten, auf welchen die streitigen Punkte zurückzuführen waren, im Disputiren. Der Anfang des methodischen Verfahrens bestand darin, dass man diese gemeinschaftlich anerkannten Sätze förmlich als solche aussprach und an die Spitze der Untersuchung stellte. Diese Sätze aber betrafen Anfangs nur das Material der Untersuchung. Man wurde

---

*) Welt als Wille. I. Band S. 54.

bald inne, dass auch in der Art und Weise, wie man auf die gemeinschaftlich anerkannte Wahrheit zurückging und seine Behauptungen aus ihr abzuleiten suchte, gewisse Formen und Gesetze befolgt wurden, über welche man, obgleich ohne vorhergegangene Uebereinkunft, sich dennoch nie veruneinigte, woraus man sah, dass sie der eigenthümliche, in ihrem Wesen liegende Gang der Vernunft selbst seyn mussten, das Formale der Untersuchung. Obgleich nun dieses nicht dem Zweifel und der Uneinigkeit ausgesetzt war, so gerieth doch irgend ein bis zur Pedanterie systematischer Kopf auf den Gedanken, dass es recht schön aussehen und die Vollendung der methodischen Dialektik seyn würde, wenn auch dieses Formelle alles Disputirens, dieses immer gesetzmässige Verfahren der Vernunft selbst, ebenfalls in abstrakten Sätzen ausgesprochen würde, welche man eben wie jene das Materiale der Untersuchung betreffenden gemeinschaftlich anerkannten Sätze, an die Spitze der Untersuchung stellte, als den festen Kanon des Disputirens selbst, auf welchen man stets zurückzusehen und sich darauf zu berufen hätte".* — Etwas weiter bemerkt er aber, „dass vor Aristoteles Alles sehr unvollkommen blieb, sehen wir theils aus der unbeholfenen und weitschweifigen Art, mit der in manchen Platonischen Gesprächen logische Wahrheiten an's Licht gebracht werden, noch besser aber aus dem, was uns Sextus Empirikus von den Streitigkeiten der Megariker über die leichtesten und einfachsten logischen Gesetze und die mühsame Art, wie sie solche zur Deutlichkeit brachten, berichtet.**" Wenn wir hierbei daran denken, dass Plato diese Wahrheiten nur als Mittel zu weiteren Untersuchungen gebraucht, so werden wir wohl eingestehen müssen, dass die von Aristoteles entwickelte Idee „eines bis zur Pedanterie systematischen Kopfes" nicht ohne praktischen Nutzen ist, aber Schopenhauers Abneigung gegen die abstracte Methode ist so gross, dass er nicht nur

---

*) Welt als Wille I. Band. S. 56—57.
**) Welt als Wille I. B. S. 57.

die Logik, sondern auch die mathematische Methode des
Euclides verwirft: „Dass, was Euclides demonstrirt, alles so
sei, muss man, durch den Satz vom Widerspruch gezwungen,
zugeben: warum aber es so ist, erfährt man nicht. Man hat
daher fast die unbehagliche Empfindung, wie nach einem
Taschenspielerstreich, und in der That sind einem solchen die
meisten Euclideischen Beweise auffallend ähnlich. Fast immer
kommt die Wahrheit durch die Hinterthür herein, indem sie
sich *per accidens* aus irgend einem Nebenumstand ergiebt.
Oft schliesst ein apogogischer Beweis alle Thüren, eine nach
der andern zu, und lässt nur die eine offen, in die man nun
bloss deswegen hinein muss. Oft werden, wie im Pythago-
rischen Lehrsatze, Linien gezogen, ohne dass man weiss, warum:
hinterher zeigt sich, dass es Schlingen waren, die sich unerwartet zuziehen und den Assensus des Lernenden gefangen
nehmen, der nun verwundert zugeben muss, was ihm seinem
innern Zusammenhang noch völlig unbegreiflich bleibt, so sehr,
dass er den ganzen Eucleides durchstudiren kann, ohne eigentliche Einsicht in die Gesetze der räumlichen Verhältnisse zu
gewinnen, sondern statt ihrer nur einige Resultate aus ihnen
auswendig lernt."* — Schopenhauer scheint dieses Verfahren
ein Hinterhalt zu sein; er besteht besonders darauf, dass die
Quelle der Evidenz in der Anschauung zu finden sei, wie es
das Wort selbst schon zeigt; er meint, dass nach der Kritik der
reinen Vernunft die Methode des Euclides, welche ihre Beweise auf eine lange Kette logischer Gründe und abstracter
Begriffe stützt, ein Anachronismus sei. Früher hätte man
sich vor Sinnestäuschung fürchten können, aber seitdem Kant
die Möglichkeit einer Anschauung *a priori* constatirt hat, ist
auch diese letzte Schwierigkeit beseitigt. „Nun," sagt Kant,
„sind Raum und Zeit diejenigen Anschauungen, welche die
reine Mathematik allein ihren Erkenntnissen und Urtheilen,
die zugleich als apodiktisch und nothwendig auftreten, zum

---

*) Welt als Wille. I. B. S. 83—84.

Grunde legt; denn Mathematik muss ihre Begriffe zuerst in der Anschauung, und reine Mathematik in der reinen Anschauung darstellen, d. i. sie construiren, ohne welche, (weil sie nicht analytisch, nähmlich durch Zergliederung der Begriffe, sondern synthetisch verfahren kann,) es ihr unmöglich ist, einen Schritt zu thun, so lange ihr nähmlich reine Anschauung fehlt, in der allein der Stoff zu synthetischen Urtheilen *a priori* gegeben werden kann. Geometrie legt die reine Anschauung des Raumes zum Grunde. Arithmetik bringt selbst ihre Zahlbegriffe durch successive Hinzusetzung der Einheiten in der Zeit zu Stande, vornehmlich aber reine Mechanik kann ihre Begriffe von Bewegung nur vermittelst der Vorstellung der Zeit zu Stande bringen."* —

Auch vor Kant wird man schwerlich daran gedacht haben, geometrische Beweise auf gezeichnete Figuren zu gründen; die Ursache der Bevorzugung der abstracten Methode in der Mathematik liegt darin, dass die Anschauung, sogar die *a priorische* ihrem Wesen nach nur einzelne Dinge oder Figuren zum Gegenstande hat, jeder geometrische Lehrsatz ist aber eine allgemeine Regel, welche in einer unendlichen Menge von Fällen angewandt werden kann. Schopenhauer wirft Euclides vor, dass er auf der Anschauung allein die Axiome und diese nur aus Nothwendigkeit begründet habe, alles Andere aber mittelst logischer Schlüsse von ihnen abzuleiten versuche: während auch in allen anderen geometrischen Wahrheiten die Anschauung *a priori* der Grund ihrer Richtigkeit sei, und der Unterschied zwischen ihnen und den Axiomen nur darin bestehe, dass die letzteren einfacher seien. Aber wenn wir auch das zugeben, so müssen wir doch gestehen, dass dieser Unterschied sehr wesentlich ist, denn es genügt, ein Axiom anzugeben, damit es für eine Wahrheit anerkannt werde, während die Mehrzahl der Theoreme von sich selbst lange nicht evident ist; sie müssen entweder evident gemacht werden (wie es Schopenhauer fordert, ohne die Mittel

---

*) Kant, Werke. III. B. S. 198. Hartensteins Ausgabe.

dazu anzugeben), oder es muss ihr Zusammenhang mit andern schon evidenten Wahrheiten, d. h. den Axiomen erwiesen werden, was Euclides auch that. In dieser Hinsicht folgt Schopenhauer Locke*), und darum findet sich schon bei Leibnitz die Widerlegung der übertriebenen Bedeutung, welche Locke oder Schopenhauer der Anschauung zuschreibt. Ganze Seiten der „*Nouveaux Essais*" können als directe Antwort auf Schopenhauers Behauptung dienen, und darum werde ich mir erlauben, einige Stellen anzuführen: „Pour ce qui est de l'axiome d'Euclide, appliqué aux doigts de la main, je veux accorder qu' il est aussi aisé de concevoir ce que vous dites des doigts, que de le voir d' A et B; mais pour ne pas faire souvent la même chose, on le marque généralement et après cela il suffit de faire des subsomptions. Autrement, c' est comme si l'on préferait le calcul en nombres particuliers aux regles universelles, ce qui serait moins obtenir qu' on ne peut. Car il vaut mieux de resoudre ce problème général, „trouver deux nombres dont la somme fasse un nombre donné et dont la différence fasse aussi un nombre donné," que de chercher seulement deux nombres, dont la somme fasse 10, et dont la différence fasse 6."**

Was den Unterschied zwischen den Methoden des Erfindens und des Lernens betrifft, so findet Leibnitz, dass dieser beibehalten werden muss, und die allgemeinen Wahrheiten und Axiome vorangehen müssen:

„Je voudrais qu' on nous eût justifié cette procédure prétendue par des exemples de quelques vérités particulières. Mais à bien considérer les choses, on ne la trouvera point pratiquée dans l'etablissement des sciences. Et si l'inventeur ne trouve qu' une vérité particulière, il n'est inventeur qu' à demi. Si Pythagore avait seulement observé que le triangle, dont les côtés sont 3, 4, 5, a la propriété de l'égalité du quarré de l'hypoténuse avec ceux des côtés (c' est à dire, que $9+16$ fait 25) aurait-il

---

*) Locke. An Essay concerning human understanding. II. book, IV. Chap. II. VI. VII. VIII.

**) Leibnitz. Nouveaux Essais. Liv. IV. pag. 361. Herausgegeben von Erdmann.

été inventeur pour cela de cette grande vérité qui comprend tous les triangles rectangles, et qui est passée en maximo chez les Géomètres?* Il est vrai que souvent un exemple, envisagé par hazard, sert d'occasion à un homme ingénieux pour s'aviser de chercher la vérité générale, mais c' est encore une affaire bien souvent que de la trouver; outre que cette voie d'invention n'est pas la meilleure ni la plus employée chez ceux, qui procèdent par ordre et par méthode, et ils ne s'en servent que dans les occasions où de meilleurs méthodes se trouvent courtes." „Je trouve qu' en des rencontres d'importance les auteurs auraient rendu service au public, s' ils avaient voulu marquer sincèrement dans leurs écrits les traces de leurs essais; mais si le système de la science devait être fabriqué sur ce pied là, ce serait comme si dans une maison achevée l'on voulait garder tout l'appareil dont l'architecte a eu besoin pour l'élever. Les bonnes méthodes d'enseigner sont toutes telles, que la science aurait pu être trouvée certainement par leur chemin; et alors si elles ne sont pas empiriques, c' est à dire, si les vérités sont enseignées par des raisons ou par des preuves, tirées des idées, ce sera toujours par Axiomes, Théorèmes, Canons, et autres telles propositions générales." — „Et quand même ces principes, seraient plustôt des demandes que des Axiomes, prenant les demandes non pas comme Euclide, mais comme Aristote, c'est à dire comme des suppositions qu' on veut accorder, en attendant qu' il y ait lieu de les prouver, ces principes auraient toujours cet usage, que par ce moyen toutes les autres questions seraient réduites à un petit nombre de propositions." — „Le plus souvent on y a meilleure grace de supprimer

---

*) Trotzdem behauptet Schopenhauer, das die einfache nebenstehende Figur auf einen Blick weit mehr, als jener Beweis Einsicht in die Sache und innere feste Ueberzeugung von jener Nothwendigkeit und von der Abhängigkeit jener Eigenschaft vom rechten Winkel giebt. (Welt als Wille. II. B. S. 87.) Inzwischen betrifft diese Figur nur die rechtwinkeligen Dreiecke mit gleichen Katheten. Zwar bemerkt Schopenhauer, dass es sich auch bei ungleichen Katheten zu einer solchen anschaulichen Ueberzeugung bringen lassen muss, aber er versucht auch nicht einmal, dieselbe zu gewinnen.

les majeures qui s'entendent et ne se contenter des Enthymèmes, et même sans former des prémisses il suffit souvent de mettre le simple medius terminus ou l'idée moyenne, l'ésprit en comprenant assez la liaison, sans qu' on l'exprime. Et cela va bien, quand cette liaison est incontestable; mais vous m'avouerez aussi, Monsieur, qu' il arrive souvent qu' on va trop vite à la supposer, et qu' il en naît des paralogismes; de sorte qu' il vaudrait mieux bien souvent d'avoir égard à la sûreté, en s'exprimant, que de lui préférer la brièveté et l'élégance." — „Au reste je trouve qu' il y a des fautes bien plus grandes dans la conversation que celle de demander trop de clarté. Car ordinairement on touche dans le vice opposé et l'on n'en donne ou n'en demande pas assez. Si l'un est incommode, l'autre est dommageable et dangereux."* —

Zwar bieten die Maximen sehr oft Gelegenheit zu Missverständnissen und unnützen Streitigkeiten, aber, sagt Leibnitz: „Quelle injustice de blâmer les pauvres maximes de ce qui doit être imputé au mauvais usage des termes et à leurs équivocations. Par la même raison on blâmera les syllogismes, parcequ' on conclut mal, lorsque les termes sont équivoques. Mais le syllogisme en est innocent, parcequ'en effet il y a quatre termes alors, contre les règles des syllogismes. Par la même raison, on blâmerait aussi le calcul des Arithméticiens ou les Algébristes, parcequ' en mettant X pour V, ou en prenant a pour b par mégard, l'on en tire des conclusions fausses et contradictoires." — „L'esprit qui aime l'unité dans la multitude, joint donc ensemble quelques unes des conséquences pour en former des conclusions moyennes et c'est l'usage des maximes et des théorèmes. Par ce moyen il y a plus de plaisir, plus de lumière; plus de souvenir, plus d'application, et moins de répétition. Si quelque Analyste ne voulait point supposer en calculant ces deux Maximes Géomètriques, que le quarré de l'Hypoténuse est égal aux deux quarrés des côtés de l'angle droit, et que les côtés correspondans des triangles semblables sont proportionnels, s'imaginant que, parce qu' on a la démonstration de ces deux Théorèmes par la liaison

---

*) Leibnitz. Nouveaux Essais. Liv. IV. pages 364, 366, 367.

des idées qu' ils enferment, il pourrait s' en passer aisément en mettant les idées mêmes à leur place, il se trouvera fort éloigné de son compte."* — Es ist nicht leicht, alle Axiome auf intuitive Erkenntnisse zurückzuführen: „Et si on avait voulu attendre cela, peut-être que nous n' aurions pas encore la science de la Géométrie." — „Il y a des exemples assez considérables des démonstrations hors des Mathematiques, et on peut dire qu' Aristote en a donné déjà dans ses premiers analytiques. En effet la Logique est aussi susceplible de démonstrations, que la Géométrie et l'on peut dire que la Logique des Géomètres, où les manières d'argumenter, qu' Euclide a expliquées et établies en parlant des propositions, sont une extension ou promotion particulière de la Logique générale. Archimède est le premier, dont nous avons des ouvrages, qui ait exercé l'art de démontrer dans une occasion, où il entre du physique, comme il a fait dans son livre de l' équilibre. De plus, on peut dire que les Jurisconsultes ont plusieurs bonnes démonstrations; surtout les anciens Jurisconsultes Romains, dont les fragmens nous ont été conservés dans les Pandectes. Je suis tout à fait de l'avis de Laurent Valle, qui ne peut assez admirer ces auteurs, entre autre parce qu' ils parlent tous d'une manière si juste et si nette."** — Obgleich Schopenhauer diese Worte als directe Antwort hätte betrachten können, so widerlegt er sie nicht, ja er gedenkt ihrer nicht einmal, wahrscheinlich, weil er Leibnitzens Ansicht von Logik und Mathematik eben so wie die Methode des Euclides für veraltet betrachtet, seitdem die Kritik der reinen Vernunft einen solchen Umschwung hervorgebracht habe, dass es keinen Grund mehr für die rationalistische Ansicht gebe, welche die abstracte deductive Methode der intuitiven vorziehe. In der That stellt es sich aber heraus, dass Kants Lehre von der Unfehlbarkeit der Anschauung *a priori* nicht nur keine feste Wurzel in der Mathematik gefasst hat, sondern dass sogar Helmholtz, welcher selbst mehr oder weniger Kantianer ist,

---

*) Leibnitz. Nouveaux Essais. Liv. IV. p. 368.
**) Leibnitz. Nouveaux Essais. Liv. IV. p. 342.

sagt: „Wir können uns den Anblick einer pseudosphärischen Welt eben so gut nach allen Richtungen hin ausmalen, wie wir ihren Begriff entwickeln können. Wir können deshalb auch nicht zugeben, dass die Axiome unserer Geometrie in der gegebenen Form unseres Anschauungsvermögens begründet wären, oder mit einer solchen irgendwie zusammenhingen." — „Die geometrischen Axiome sprechen also gar nicht über Verhältnisse des Raumes allein, sondern gleichzeitig auch über das mechanische Verhalten unserer festen Körper bei Bewegungen. Man könnte freilich auch den Begriff des festen geometrischen Raumgebildes als einen transcendentalen Begriff auffassen, der unabhängig von wirklichen Erfahrungen gebildet wäre, und dem diese nicht nothwendig zu entsprechen brauchten, wie ja unsere Naturkörper thatsächlich ganz rein und ungestört nicht einmal denjenigen Begriffen entsprechen, die wir auf dem Wege der Induction von ihnen abstrahirt haben. Unter Hinzunahme eines solchen nur als Ideal concipirten Begriffs der Festigkeit könnte dann ein strenger Kantianer allerdings die geometrischen Axiome als *a priori* durch transcendentale Anschauung gegebene Sätze betrachten, die durch keine Erfahrung bestätigt oder widerlegt werden könnten, weil man erst nach ihnen zu entscheiden hätte, ob irgend welche Naturkörper als feste Körper zu betrachten seien. Dann müssten wir aber behaupten, dass unter dieser Auffassung die geometrischen Axiome gar keine synthetischen Sätze im Sinne Kants wären. Denn sie würden dann nur etwas aussagen, was aus dem Begriffe der zur Messung nothwendigen festen geometrischen Gebilde analytisch folgen würde, da als feste Gebilde nur solche anerkannt werden könnten, die jenen Axiomen genügen."* — Die Möglichkeit des Streites über eine vierte Dimension des Raumes scheint mir genügend zu beweisen, dass als entscheidende Instanz nicht die intuitive, sondern die logische Evidenz zu betrachten sei, da es vom Gesichtspunkte der Anschauung klar ist, dass der Raum nur drei Dimen-

---

*) H. Helmholtz. Wissenschaftliche Vorträge. III. Heft. S. 48, 49, 50.

sionen haben kann. Uebrigens erklärt sich die Geringschätzung, mit welcher Schopenhauer das abstracte Wissen betrachtet, durch seine persönliche Antipathie gegen die abstracte Methode. „Nebenbei ist hier zu bemerken, dass manche Geister nur im anschaulich Erkannten völlige Befriedigung finden. Grund und Folge des Seyns im Raum anschaulich dargelegt, ist es, was sie suchen: Eukleidischer Beweis, oder eine arithmetische Auflösung räumlicher Probleme spricht sie nicht an. Andere Geister hingegen verlangen die zur Anwendung und Mittheilung allein brauchbaren abstrakten Begriffe: sie haben Geduld und Gedächtniss für abstrakte Sätze, Formeln, Beweisführungen in langen Schlussketten und Rechnungen, deren Zeichen die komplicirtesten Abstraktionen vertreten. Diese suchen Bestimmtheit: jene Anschaulichkeit. Der Unterschied ist charakteristisch."*

Sogar bei oberflächlichem Lesen seiner Werke kann man sich überzeugen, dass Schopenhauer zu den Ersteren gehört. Er sieht aber die Bedeutung und die Vorzüge der deductiven Methode ein. Er sagt z. B. „Dass logische Beweise aus Begriffen oder Schlüssen ebenso wohl, wie die Erkenntniss durch Anschauung *a priori*, den Vorzug haben, vom Grund auf die Folge zu gehen, wodurch sie an sich, d. h. ihrer Form nach, unfehlbar sind."** — Daraus ist zu ersehen, dass der Vorzug, den Schopenhauer der intuitiven Methode vor der abstracten giebt, eher von seinem persönlichen Character, als von anderen Gründen abhängt. Die Deduction kann natürlich nicht die Induction ersetzen, sie ergänzen sich aber gegenseitig; die Deduction ist die Probe und der endliche Ausdruck dessen, was wir mittels Erfahrung oder Induction erkannt haben. Nur Wahrheit widerspricht sich nie, und darum kann die Uebereinstimmung, die Identität der Resultate von zwei verschiedenen Methoden ihr zum Kriterium dienen; es ist sehr wahrscheinlich, dass viele geometrische Sätze der Anschauung zu verdanken sind, aber solche

---
*) Welt als Wille. Band I. S. 65—66.
**) Welt als Wille. Band I. S. 93.

plötzliche aus der Anschauung hervorgegangene Ideen werden nur dann zu unleugbaren Wahrheiten, wenn sie durch die Kritik des streng-logischen Denkens bestätigt sind. Wie oft tauchen bei Jedem scheinbar glänzende Gedanken auf, und wie wenige derselben können der Kritik Stand halten! Die Zusammenstellung des intuitiven Wissens mit dem abstracten, wenn sie nicht übereinstimmen, ist sogar nach Schopenhauers Meinung die Quelle des Lachens. Eine solche Erklärung ist wohl in einzelnen, aber lange nicht in allen Fällen anzuwenden. — „In der Regel ist das Lachen ein vergnüglicher Zustand: die Wahrnehmung der Inkongruenz des Gedachten zum Angeschauten, also zur Wirklichkeit, macht uns demnach Freude und wir geben uns gern der krampfhaften Erschütterung hin, welche diese Wahrnehmung erregt. Der Grund hievon liegt im Folgendem. Bei jenem plötzlich hervortretenden Widerstreit zwischen dem Angeschauten und dem Gedachten behält das Angeschaute allemal unzweifelhaftes Recht: denn es ist gar nicht dem Irrthum unterworfen, bedarf keiner Beglaubigung von ausserhalb, sondern vertritt sich selbst. Sein Konflikt mit dem Gedachten entspringt zuletzt daraus, dass dieses mit seinen abstrakten Begriffen nicht herabkann zur endlosen Mannigfaltigkeit und Nüancirung des Anschaulichen. Dieser Sieg der anschauenden Erkenntniss über das Denken erfreut uns."* Vielleicht kann ein solcher Sieg Schopenhauer angenehm sein als Bestätigung seiner eigenen Theorie, aber was geht er denjenigen an, der sich für ihn nicht interessirt oder der sogar den Unterschied zwischen intuitiver und abstracter Erkenntniss gar nicht kennt? Was für ein sonderbares Vergnügen kann ihm die Entdeckung, dass er sich früher geirrt habe, gewähren? Es ist nicht nöthig, diese Ansicht Schopenhauers an einzelnen Beispielen zu prüfen, denn es ist klar, dass sie nur auf das ironische Lachen über sich selbst passen könnte, was aber natürlich kein Vergnügen gewährt.

---

*) Welt als Wille. II. B. S. 107.

III.

Schopenhauers Idealismus. Verhältniss zum Materialismus, zum Realismus und zu Fichtes subjectivem Idealismus.

Bis jetzt, sagt Schopenhauer, wurde zum Ausgangspunkte jeder Philosophie entweder Object oder Subject angenommen und man versuchte, das Eine aus dem Anderen zu erklären mit Hülfe des Satzes vom zureichenden Grunde, den man als eine „*veritas aeterna*" betrachtete, obgleich dieser Satz nur in der Sphäre der Objecte gültig ist, indem er ihre wechselseitigen Verhältnisse bestimmt. „Am konsequentesten und am weitesten durchzuführen ist das objektive Verfahren, wenn es als eigentlicher Materialismus auftritt. Dieser setzt die Materie, und Zeit und Raum mit ihr, als schlecht hin bestehend voraus und überspringt die Beziehung auf das Subject, in welcher dies Alles doch allein da ist. Er ergreift ferner das Gesetz der Kausalität zum Leitfaden, an dem er fortschreiten will, es nehmend als an sich bestehende Ordnung der Dinge, *veritas aeterna*; folglich den Verstand überspringend, in welchem und für welchen allein Kausalität ist. Nun sucht er den ersten einfachsten Zustand der Materie zu finden, und dann aus ihm alle anderen zu entwickeln, aufsteigend vom blossen Mechanismus zum Chemismus, zur Polarität, Vegetation, Animalität: und gesetzt, dies gelänge, so wäre das letzte Glied der Kette die thierische Sensibilität, das Erkennen: welches folglich jetzt als eine blosse Modifikation der Materie, ein durch Kausalität herbeigeführter Zustand derselben, aufträte. Wären wir nun dem Materialismus, mit anschaulichen

Vorstellungen, bis dahin gefolgt; so würden wir, auf seinem Gipfel mit ihm angelangt, eine plötzliche Anwandlung des unauslöschlichen Lachens der Olympier spüren, indem wir, wie aus einem Traum erwachend, mit einem Male inne würden, dass sein letztes, so mühsam herbeigeführtes Resultat, das Erkennen, schon beim allerersten Ausgangspunkt der blossen Materie, als unumgängliche Bedingung vorausgesetzt war, und wir mit ihm zwar die Materie zu denken uns eingebildet, in der That aber nichts Anderes als das die Materie vorstellende Subjekt, das sie sehende Auge, die sie fühlende Hand, den sie erkennenden Verstand gedacht hätten. So enthüllte sich unerwartet die enorme *petitio principii*: denn plötzlich zeigte sich das letzte Glied als der Anhaltspunkt, an welchem schon das erste hing, die Kette als Kreis; und der Materialist gliche dem Freiherrn von Münchhausen, der, zu Pferde im Wasser schwimmend, mit den Beinen das Pferd, sich selbst aber an seinem nach Vorne übergeschlagenen Zopf in die Höhe zieht. Demnach besteht die Grundabsurdität des Materialismus darin, dass er vom Objektiven ausgeht, ein Objektives zum letzten Erklärungsgrunde nimmt, sei nun dieses die Materie *in abstracto*, wie sie nur gedacht wird, oder die schon in die Form eingegangene empirisch gegebene, also der Stoff, etwa die chemischen Grundstoffe nebst ihren nächsten Verbindungen."* In Beziehung auf solche Seiten ist es schwer, Schopenhauer zu den Materialisten zu zählen, wie es Moritz Venezianer thut. In seinen Briefen an Frauenstädt spricht Schopenhauer von den Materialisten und besonders von Büchner in einer verächtlichen Weise.** Trotz dem aber haben mehrere von seinen eigenen Behauptungen einen stark materialistischen Anstrich. Ein denkendes Wesen ohne Gehirn ist wie ein verdauendes Wesen ohne Magen. „Nicht nur die Anschauung der Aussenwelt, oder das Bewusstsein anderer Dinge ist durch das Gehirn und seine

---

*) Welt als Wille. I. B. S. 32—33.
**) Memorabilien und Briefe. S. 669—688.

Funktionen bedingt, sondern auch das Selbstbewusstsein." — „Denn als solches ist dieser, wie alles Physische, der *Vis inertiae* unterworfen, mithin erst thätig, wenn er getrieben wird von einem Andern, vom Willen, der ihn beherrscht, lenkt, zur Anstrengung aufmuntert, kurz, ihm die Thätigkeit verleiht, die ihm ursprünglich nicht einwohnt." — „Eben desshalb auch bedarf er, auf fast ein Drittel seiner Lebenszeit, der gänzlichen Suspension seiner Thätigkeit, im Schlafe d. h. der Ruhe des Gehirns, dessen blosse Funktion er ist, welches ihm daher eben so vorhergängig ist, wie der Magen der Verdauung, oder die Körper ihrem Stoss, und mit welchem er im Alter verwelkt und versiegt.*" Angesichts solcher materialistischer Meinungen einerseits und des äussersten Idealismus andererseits kann Schopenhauer — wie Frauenstädt richtig bemerkt — weder zu den Materialisten, noch zu den Idealisten gezählt werden, es muss aber zugegeben werden, dass zwischen beiden Richtungen ein Widerspruch ist, welchen Schopenhauer nicht überwinden konnte. Zeller macht mit Recht auf den Cirkel aufmerksam, in welchen Schopenhauer geräth, indem er die Vorstellung für ein Product des Gehirnes erklärt und das Gehirn selbst für eine Vorstellung.** — Dieser greifbare Cirkel, erwidert darauf Frauenstädt, wird erst von Zeller in die Schopenhauersche Lehre hineingetragen. An sich liegt er nicht in derselben. Denn wie die Materie, so ist das Gehirn nach Schopenhauer nicht ganz und gar nur Vorstellung, sondern beide haben auch eine reale Seite, nämlich den in ihnen zur Entscheidung kommenden Willen. Das Gehirn seiner idealen Seite nach, d. i. seiner anschaulichen Erscheinung nach, ist allerdings Product der Vorstellung; seiner realen Seite nach aber, d. h. nach dem, was an sich ist (nämlich Erkenntnisswille oder Vorstellungswille) ist es Erzeuger der Vorstellung. Wo steckt da der Widerspruch? Das Gehirn ist ja nach Schopenhauer nicht in demselben Sinne

---

*) Welt als Wille. II. B. S. 313, 239, 240.
**) Zeller. Geschichte der deutschen Philosophie. S. 885.

Erzeugniss der Vorstellung, als es Erzeuger derselben ist, sondern Erzeugniss der Vorstellung ist es als Object der äusseren Anschauung, Erzeuger der Vorstellung hingegen ist es seinem inneren Wesen nach, d. h. als Erkenntnisswille. Ausdrücklich sagt Schopenhauer: „Was von Innen gesehen das Erkenntnissvermögen ist, das ist von Aussen gesehen das Gehirn. Dieses Gehirn ist ein Theil eben jenes Leibes, weil es selbst zur Objectivation des Willens gehört, nähmlich das Erkennenwollen desselben, seine Richtung auf die Aussenwelt, in ihm objectivirt ist. Demnach ist allerdings das Gehirn, mithin der Intellect, unmittelbar durch den Leib bedingt, und dieser wiederum durch das Gehirn, — jedoch nur mittelbar, nähmlich als Räumliches und Körperliches, in der Welt der Anschauung, nicht aber an sich selbst, d. h. als Wille. Das Ganze also ist zuletzt der Wille, der sich selber Vorstellung wird, und ist jene Einheit, die wir durch Ich ausdrücken. Das Gehirn selbst ist, sofern es vorgestellt wird — also im Bewusstsein anderer Dinge, mithin secundär — nur Vorstellung. An sich aber und sofern es vorstellt, ist es der Wille, weil dieser das reale Substrat der ganzen Erscheinung ist: sein Erkennenwollen objectivirt sich als Gehirn und dessen Functionen. Wo steckt hier der Cirkel?*" Doch kann Frauenstädts Versuch, die von Zeller angegebenen Widersprüche auszugleichen, nicht gelingen, da Schopenhauer der Erscheinung nur eine subjective Bedeutung beilegt und nicht zugiebt, dass sie unabhängig vom erkennenden Wesen existire. Was bedeutet denn eigentlich die Behauptung, dass das Gehirn als Objectivation des Willens nur Erscheinung sei, obgleich es andererseits die Quelle der Vorstellung ist? Wenn das Gehirn seinem Wesen nach nur das Erkennenwollen ist, was hat es denn dann mit dem empirisch gegebenen materiellen Gehirn gemein? Von diesem Gesichtspunkte aus müsste man behaupten, dass es nicht nur keine Vorstellung ohne Gehirn gäbe, sondern auch kein Gehirn ohne Vor-

---

*) Neue Briefe. S. 162.

stellung, — dann wäre das im Zustande des Schlafes oder der Bewusstlosigkeit ruhende Gehirn kein Gehirn mehr. Es ist unmöglich, ohne offenbaren Widerspruch zu behaupten, dass Raum und Zeit einerseits allein in meiner Vorstellung, in meinem Kopfe seien, andererseits aber, dass diese Vorstellungen selbst, als Functionen des ausgedehnten Gehirnes, sich in Raum und Zeit befinden. Die Unmöglichkeit, einen solchen Standpunkt festzuhalten, ist schon daraus zu ersehen, dass selbst Frauenstädt genöthigt ist, ihn zu verlassen. „Dass die Unterschiede der Dinge — zwar nicht die empirischen aber doch dieses, dass die Dinge überhaupt sich als unterschieden kund geben — irgendwie ein Ausdruck des Dinges an sich sein müssen, d. h. mit anderen Worten, dass die Unterschiede keine blos subjectiven Vorstellungen sind, sondern objective Realität haben. — Sind aber die Unterschiede real, so sind *co ipso* auch Zeit, Raum, Causalität und Vielheit real. Denn das Unterschiedene ist ein Vieles, ist als solches neben und nacheinander, und wirkt also räumlich und zeitlich; denn durch die unterschiedenen Wirkungen, die es hervorbringt, giebt es sich eben als unterschieden kund. Dass die eine Rose sich in rother, die andere in gelber Farbe darstellt, dass ein Menschengesicht diese, ein anderes jene Physiognomie hat, das ist nach dem erwähnten Zugeständnisse Schopenhauers Folge des verschiedenen sich Kundgebens ihres Wesens an sich, also Folge ihres verschiedenen Wirkens. Folglich kommt den Dingen an sich Causalität zu. — Nehmen Sie nun alles Dieses zusammen, so ergiebt sich daraus als nothwendige Consequenz, dass Raum, Zeit, Vielheit und Causalität keine blossen Vorstellungsformen, sondern real sind. Denn die Ideen, diese ursprünglichen Willensmanifestationen oder „Willensacte", wie sie Schopenhauer nennt, sind die reale Erscheinung des Willens, und derselben sind mehrere; folglich ist die Vielheit real. Die Ideen als gleichbedeutend mit den Naturkräften sind ferner das den einzelnen Ursachen ihre Kraft zu wirken Ertheilende; folglich ist die Causalität real. Endlich sind die Ideen als theils coexistirende, theils succedirende Naturstufen räumlich neben und zeitlich nacheinander; folglich sind Raum und Zeit real. Diese Realität von Raum, Zeit, Vielheit und Causalität ist nun freilich keine primäre, sondern wie die der Ideen selbst, eine secundäre, der Erscheinung des Dinges an sich angehörende. Aber da die Erscheinung in den Ideen eine reale Offenbarung des Dinges an sich ist, so sind Raum, Zeit Vielheit und Causalität ebenfalls reale Offenbarungen des Dinges an sich, reale Formen seiner Erscheinung."* Alles dieses ist ganz richtig, aber nicht der Schluss, den Frauenstädt daraus zieht. „Nur wer Raum, Zeit, Vielheit und Causalität für blosse Formen der Vorstellung erklärt, ist Idealist; wer sie hingegen für Formen der objectiven Erscheinung des Dinges an sich erklärt, der ist Realist. Nun muss aber doch Schopenhauer sie consequenter Weise dafür erklären, weil er das Ding an sich in einer Vielheit wirkender Kräfte (Ideen), die theils coexistiren, theils einander succediren, erscheinen lässt. Also ist Schopenhauer im Grunde genommen Realist."** Frauenstädt musste sagen, dass, wenn die Lehre von der Pluralität der Ideen nach Schopenhauers Auffassung richtig ist, — so müsste Derjenige, der sie anerkennt, Realist sein, aber es ist offenbar unmöglich, Schopenhauer einen solchen zu nennen, denn er erklärt auf's deutlichste, dass Raum, Zeit und Causalität nur Formen unserer Vorstellungen seien, d. h. er behauptet gerade dasjenige, was nach Frauenstädts Meinung den Idealisten kennzeichnet. — Diese Deutungen Frauenstädts werden von v. Hartmann widerlegt, indem er mit Recht bemerkt, dass Schopenhauer eben so wie Kant das Wort Erscheinung nur im subjectiven Sinne versteht.*** Die realistische Richtung, welche Frauenstädt in seinen „Neuen Briefen" geäussert hat, ist eine sehr interessante Erscheinung, da er in seiner Kritik der Schopenhauerschen Philosophie sie

---

*) Neue Briefe. S. 110, 113.
**) Neue Briefe. S. 114.
***) Neukantianismus, Schopenhauerianismus, Hegelianismus. S. 126.

in möglichst günstigem Sinne zu deuten und die Widersprüche auszugleichen sucht. Es ist auch bemerkenswerth, dass der unlängst verstorbene, ausgezeichnete Naturforscher Professor Czermak, welcher früher von der Richtigkeit des Schopenhauerschen Idealismus überzeugt war, in späteren Jahren zum Realismus überging, wie es aus einem Briefe an v. Hartmann zu ersehen ist.*

„Die Welt ist meine Vorstellung", das ist der Grundsatz des Schopenhauerschen Idealismus: — dies ist eine Wahrheit, welche in Beziehung auf jedes lebende und erkennende Wesen gilt; wiewohl der Mensch allein sie in das reflektirte abstrakte Bewusstsein bringen kann: und thut er dies wirklich, so ist die philosophische Besonnenheit bei ihm eingetreten. Es wird ihm dann deutlich und gewiss, dass er keine Sonne kennt und keine Erde; sondern immer nur ein Auge, das eine Sonne sieht, eine Hand, die eine Erde fühlt; dass die Welt, welche ihn umgiebt, nur als Vorstelluug das ist, d. h. durchweg nur in Beziehung auf ein Anderes, das Vorstellende, welches er selbst ist."** — „Dass die objektive Welt nur als Vorstellung existire, ist keine Hypothese, noch weniger ein Machtspruch, oder gar ein Disputirens halber aufgestelltes Paradoxon; sondern es ist die gewisseste und einfachste Wahrheit, deren Erkenntniss nur dadurch erschwert wird, dass sie sogar zu einfach ist, und nicht Alle Besonnenheit genug haben, um auf die ersten Elemente ihres Bewusstseins von den Dingen zurückzugehen. Nimmermehr kann es ein absolut und an sich selbst objektives Dasein geben; ja, ein solches ist geradezu undenkbar: denn immer und wesentlich hat das Objektive, als solches, seine Existenz im Bewusstsein eines Subjekts, ist also dessen Vorstellung, folglich bedingt durch dasselbe und dazu noch durch dessen Vorstellungsformen, welche also dem Subjekt, nicht dem Objekt anhängen."***

---

*) Kritische Grundlegung des Transcendentalen Realismus. S. 94.
**) Welt als Wille. I. B. S. 3.
***) Welt als Wille. II. B. S. 6.

Wir wollen aber doch diese nach Schopenhauers Meinung so offenbare Wahrheit „die Welt ist meine Vorstellung" näher betrachten. — Alles hängt davon ab, was für eine Bedeutung wir hier dem Worte Welt beilegen. Wenn wir darunter die sichtbare Welt, die Welt, insofern sie für mich existirt, verstehen, dann bedarf diese Behauptung natürlich keines Beweises und läuft auf eine Teutologie zurück, wenn wir aber eine solche Einschränkung nicht hinzufügen, so ist der eben erwähnte Satz nicht allein unbewiesen, sondern auch ganz willkürlich. Er würde nur in dem Falle richtig sein, wenn man beweisen könnte, dass der ganze Inhalt der Welt durch ihre Vorstellbarkeit erschöpft ist, aber ein solcher Beweis ist undenkbar. Wir erkennen die Welt in dem Maasse, in welchem sie erkennbar ist, wenn wir aber kein Recht haben, ihr eine Existenz ausserhalb unserer Vorstellung zuzuschreiben, so haben wir ebenso wenig das Recht, eine solche Existenz abzuleugnen und müssen auf einem rein sceptischen Standpunkte bleiben. Wenn der Satz vom zureichenden Grunde im vorliegenden Falle nicht anwendbar ist und wenn es unmöglich ist, mit Hülfe der Kategorie der Causalität bis zu den Dingen an sich zu gelangen, um ihre Existenz behaupten zu können, so kann man diesen Satz und diese Kategorien eben so wenig anwenden, um eine solche Existenz zu bestreiten. Allerdings, die Welt wie sie uns erscheint, existirt für uns allein als Gegenstand des Erkennens für ein erkennendes Subject, aber daraus folgt nicht, dass sie nicht auch zugleich als etwas Selbständiges existire. Darum ist Schopenhauers Behauptung, dass die Welt nur als Vorstellung existire, insofern richtig, als sie die objective Welt betrifft, da das objective Sein der Dinge immer durch ein vorstellendes Subject bedingt ist, aber er nimmt dabei willkürlich an, dass alles Existirende entweder Erkennendes oder Erkanntes sein müsse; darum ist auch seine Polemik gegen den Realismus nicht überzeugend. Schopenhauer giebt zu, dass auf den ersten Anlauf nicht einzusehen ist, dass die objective Welt nicht da wäre, wenn gar kein erkennendes Wesen existirte.

Er glaubt aber darauf zu antworten und den innern Widerspruch einer solchen Voraussetzung aufzudecken, indem er bemerkt, dass, wenn man diesen abstracten Gedanken realisiren, d. h. ihn auf anschauliche Vorstellungen, von welchen allein er doch (wie alles Abstracte) Gehalt und Wahrheit haben kann, zurückführen will und demnach versucht, eine objektive Welt ohne erkennendes Subjekt zu imaginiren, so wird man inne, dass Das, was man da imaginirt, in Wahrheit das Gegentheil von Dem ist, was man beabsichtigte, nämlich nichts Anderes, als eben nur der Vorgang im Intellekt eines Erkennenden, der eine objektive Welt anschaut, also gerade Das, was man hatte ausschliessen wollen.* — Aber das ist nur ein grobe *petitio principii*; es versteht sich, dass, wenn wir uns eine solche Welt vorstellen, sie aufhört eine nicht vorgestellte zu sein, aber darin eben liegt die Frage, ob ein jedes Sein durch die Vorstellbarkeit bedingt ist.

Uebrigens sagt Schopenhauer selbst: „Inzwischen versteht es sich, dass das Dasein, welches durch ein Erkennendes bedingt ist, ganz allein das Dasein im Raum und daher das eines Ausgedehnten und Wirkenden ist: — dieses allein ist stets ein Erkannntes, folglich ein Dasein für ein Anderes. Hingegen mag jedes auf diese Weise Daseiende ein Dasein für sich selbst haben, zu welchem es keines Subjekts bedarf."** — Und damit könnte man sich begnügen, wenn nur „an sich" statt „für sich" stünde. Die Ansicht Schopenhauers hängt offenbar davon ab, dass er das Causalitätsgesetz nur für eine Form des Satzes vom zureichenden Grunde hält, dem er eine bloss subjective Bedeutung zuschreibt; darum muss er behaupten, dass „Wie das Gesetz der Causalität schon, als Bedingung, der Anschauung und Erfahrung vorhergeht, daher nicht aus diesen (wie Hume meinte) gelernt sein kann; so gehen Objekt und Subjekt schon als erste Bedingung aller Erkenntniss, daher auch dem Satze vom Grunde überhaupt,

---

*) Welt als Wille. II. B. S. 6.
**) Welt als Wille. II. B. S. 8.

vorher, da dieser nur die Form alles Objektes, die durchgängige Art und Weise seiner Erscheinung ist; das Objekt aber immer schon [das Subjekt voraussetzt: zwischen beiden also kann kein Verhältniss von Grund und Folge sein."* — Aber dies ist nur ein Wortspiel. Gewiss wird Niemand behaupten, dass das Subject selbst eine Folge des Objects sei, aber dies bedeutet noch nicht, dass einzelne Vorstellungen dieses Subjects nicht von der Verschiedenheit 'der Objecte abhängen können. Es versteht sich, dass die Vorstellung schon ein Subject als nothwendige Bedingung der Aufnahme der Eindrücke der Aussenwelt voraussetzt, aber sie selbst erscheint als Product der Wirkung des Objects auf das Subject. Uebrigens löst die Anerkennung des Objects als Ursache der Vorstellungen im Subject keineswegs die Frage, was das Object ausser diesem Verhältnisse sei. Ich will die hier in einigen Zeilen angegebene realistische Ansicht nicht ausführlich beweisen; ich weise nur darauf hin, dass die Schopenhauerschen Argumente diese Ansicht nicht allein zu widerlegen nicht im Stande sind, sondern sie auch nicht einmal berühren, so lange als der Satz, dass das Wesen der Dinge durch ihre Vorstellbarkeit erschöpft sei, eine unbewiesene Behauptung bleibt. Uebrigens vertheidigt Schopenhauer selbst den Idealismus im ersten Buche der Welt als Wille als Vorstellung nur, um später auf den Willen als auf das einzig mögliche Ding an sich, auf das von der Vorstellung unabhängige Wesen der Welt hinweisen zu können.** In wie weit ein solcher Griff logisch ist — ist eine andere Frage.

---

*) Welt als Wille. I. B. S. 16.
**) (Herbarts Werke. B. XII. S. 370.) Immer wird der theoretische Theil der Kantischen Lehre sich vollständiger zum Idealismus ausbilden, sagt Herbart; immer wird daran der letzte Grund und Boden der wahren Realität vermisst, — und alsdann die Lücke durch den Willen ausgefüllt werden, den die Kritik der praktischen Vernunft, wenn schon nicht mit ausdrücklichen Worten, zum Dinge an sich gestempelt hatte; immer wird eine mystische Sehnsucht nach dem Einen, welches als das Reale betrachtet wird, das letzte Gefühl sein, worin eine solche Philosophie sich auflöst.

Schopenhauer spottet über Fichtes Versuch das Ich aus dem Nicht-Ich heraus zu spinnen und weist auf seinen Idealismus nur als auf den Gegensatz des Materialismus hin, in welchem das Ich wie eine Spinne die Aussenwelt aus sich herausspinnen muss; aber Fichte hatte auch hierbei den Satz vom zureichenden Grunde als eine unbedingte Wahrheit vorausgesetzt, so dass auch seine Schlüsse keinen Werth haben. Nach Schopenhauers Meinung ist die ganze objective Welt nur Erscheinung, Vorstellung und nichts weiter; aber woher kommt denn diese Erscheinung? frägt Zeller, und bemerkt, dass der Schopenhauersche Idealismus den Folgerungen des Fichteschen nicht entgehen kann.*

Fast dasselbe sagt auch Herbart.** — Ohne zu untersuchen, in wie fern Fichte, Schelling oder sogar Hegel directen oder indirecten Einfluss auf Schopenhauer gehabt haben, müssen wir doch zugeben, dass er, nachdem er die Consequenz des Fichteschen Idealismus zugelassen, aber ihn für leere fruchtlose Spekulation erklärt hat, sich selbst dadurch in eine schwierige Lage bringt, da er entweder dasselbe von seiner eigenen Theorie sagen, oder diese für nicht consequent erklären musste. In der That, wenn nur Vorstellung gegeben ist, und der Satz vom zureichenden Grunde uns nicht aus der subjectiven Sphäre bringen kann, so sind wir entweder dem theoretischen Egoismus verfallen, welcher nach seiner Meinung als ernste Ueberzeugung nur in Irrenhäusern zu finden ist, oder wir müssen unconsequent mittelst eines Sprunges die Realität der Aussenwelt zugeben.

Der Streit über die Realität der Aussenwelt, sagt Schopenhauer, beruht beiderseits auf einer falschen Anwendung

---

*) Zeller. Geschichte der Deutschen Philosophie. S. 878.
**) Herbarts Werke. B. XII. S. 382. — Bloss darin besteht der Unterschied, dass Schopenhauer mit absoluten Sprüngen zum Ziel kommt, wo Fichte mit einem in der That undenkbaren, doch aber achtungswerthen Fleiss den langsamen Gang eines nothwendigen Denkens wenigstens sucht. In dieser Hinsicht verhält sich der ältere Denker zum jüngeren nicht anders, als wie eine alte Sprache zu der daraus durch Corruption und Abkürzung entstandenen neueren.

des Satzes vom zureichenden Grunde bei einer transcendenten Frage. Der Sinn dieses Streites wird viel verständlicher, wenn wir uns auf einen empirischen Standpunkt stellen: „wir haben Träume; ist nicht etwa das ganze Leben ein Traum? — oder bestimmter: giebt es ein sicheres Kriterium zwischen Traum und Wirklichkeit? zwischen Phantasmen und realen Objekten? — Das Vorgeben der geringern Lebhaftigkeit und Deutlichkeit der geträumten, als der wirklichen Anschauung, verdient gar keine Berücksichtigung, da noch Keiner diese beiden zum Vergleich neben einander gehalten hat; sondern man nur die Erinnerung des Traumes vergleichen konnte mit der gegenwärtigen Wirklichkeit. — Kant löst die Frage so: „Der Zusammenhang der Vorstellungen unter sich nach dem Gesetze der Causalität unterscheidet das Leben vom Traum." — Aber auch im Traume hängt alles Einzelne ebenfalls nach dem Satze vom Grunde in allen seinen Gestalten zusammen, und dieser Zusammenhang bricht bloss ab zwischen dem Leben und dem Traume und zwischen den einzelnen Träumen."* — Schopenhauer seinerseits meint, dass das einzige Merkmal des Wachens das Erwachen sei, aber ein solches Kriterium wird am besten dadurch umgestossen, dass wir zuweilen im Traume aufzuwachen wähnen. Die Unmöglichkeit, ein sicheres Kriterium zur Unterscheidung des Traumes von der Wirklichkeit anzugeben, giebt dem Skeptiker ein starkes Argument und veranlasste schon Cartesius, den Ausgangspunkt seines Systems in einer solchen Wahrheit zu suchen, welche im Traum und im Wachen gleich richtig wäre. Aber wenn der Satz vom zureichenden Grunde, auf den sich alle apriorischen Wahrheiten stützen müssen, keine *veritas aeterna*, sondern nur eine subjektive Form unserer Erkenntniss ist, welcher nichts in der äussern Welt entspricht, so giebt es allerdings keine Möglichkeit, diese Frage zu lösen. —

---

*) Welt als Wille. I. B. S. 19.

IV.

Das Ding an sich und die Erscheinung. Die positiven Wissenschaften beschäftigen sich nur mit Erscheinungen. Die Selbsterkenntniss giebt den Schlüssel zur Erkenntniss des Dinges an sich.

Das Unterscheiden des Dinges an sich von der Erscheinung bildet Kants Hauptverdienst, sagt Schopenhauer. Kant weist darauf hin, dass alle Gesetze des Denkens, alle logischen Wahrheiten nothwendig *a priori* und zweifellos sind; aber eben in Folge ihrer Apriorität und ihrer Formalität können sie uns nicht dazu bringen, das Ding an sich in seinem innern Wesen, in dem, was es ausserhalb unserer Vorstellung ist, zu erkennen.*

Die „Kritik der reinen Vernunft" legte scheinbar einen unüberwindlichen Abgrund zwischen das erkennende Subject und die äussere reale Welt. Kant selbst konnte die Existenz des Dinges an sich nur zuwider seinen fundamentalen Grundsätzen behalten, indem er demselben die Kategorie der Causalität anpasste.** — Jedes Erkennen ist eine Vorstellung: doch meine Vorstellung kann eben dadurch, dass sie meine ist, nie identisch mit dem Wesen des Dinges an sich ausser mir sein.***
— Indessen besteht die Aufgabe der Metaphysik gerade darin: tiefer, als die phänomenale Welt durchzudringen von der Erscheinung zum Erscheinenden, zu dem, was es an sich ist, ausser seiner

---
*) Welt als Wille. I. B. S. 494, 497. Parerga. I. B. S. 91.
**) Parerga. I. B. S. 95, 99. Welt als Wille. I. B. S. 516,1 520, 528, 530 etc.
***) Welt als Wille. II. B. S. 216, 217.

Beziehung zum erkennenden Subject. Schopenhauer, der auf dem Standpunkte des Kantischen Idealismus steht, will doch die Hoffnung, dieses Problem zu lösen, nicht aufgeben. Umsonst aber wäre es, denkt er, auf eine Hülfe von Seiten der positiven Wissenschaften in dieser Beziehung zu rechnen: sie beschäftigen sich allein mit Erscheinungen und desshalb können sie uns, im gegebenen Falle, keine Hülfe leisten. Sie stützen sich auf den Satz vom zureichenden Grunde, der im Gebiete der Erscheinungen vollkommen sicher ist, doch ausser diesem Gebiete eine jede Bedeutung verliert. Wie gross auch die Vollkommenheit sei, die diese Wissenschaften erreicht haben mögen, sie können durch Verallgemeinerungen nur ein vollständiges Register der Veränderungen hervorbringen, aus dem zu ersehen sein wird, dass bei gewissen Bedingungen immer gewisse Erscheinungen hervortreten; tiefer gehen sie nicht. „Ueber das innere Wesen irgend einer jener Erscheinungen erhalten wir dadurch aber nicht den mindesten Aufschluss: dieses wird Naturkraft genannt und liegt ausserhalb des Gebiets der ätiologischen Erklärung, welche die unwandelbare Konstanz des Eintritts der Aeusserung einer solchen Kraft, so oft die ihr bekannten Bedingungen dazu da sind, Naturgesetz nennt. Dieses Naturgesetz, diese Bedingungen, dieser Eintritt, in Bezug auf bestimmten Ort zu bestimmter Zeit, sind aber Alles, was sie weiss und je wissen kann. Die Kraft selbst, die sich äussert, das innere Wesen der nach jenen Gesetzen eintretenden Erscheinungen, bleibt ihr ewig ein Geheimniss, ein ganz Fremdes und Unbekanntes, sowohl bei der einfachsten, wie bei der complicirtesten Erscheinung."*

Schopenhauer hat Recht, wenn er behauptet, dass, wie ausführlich die Forschung der Erscheinungswelt auch sein möge, zu welchem Grade der Vollkommenheit die Morphologie und Aetiologie auch gebracht würden, wir damit doch niemals das Wesen der Dinge erreichen würden. „Bei der vollendeten Aetiologie der ganzen Natur müsste dem philosophi-

---

*) Welt als Wille. I. B. S. 116.

schen Forscher doch immer so zu Muthe sein, wie Jemandem, der, er wüsste gar nicht wie, in eine ihm gänzlich unbekannte Gesellschaft gerathen wäre, von deren Mitgliedern der Reihe nach ihm immer eines das andere als seinen Freund und Vetter präsentirte und so hinlänglich bekannt machte: er selbst aber hätte unterdessen, indem er jedesmal sich über den Präsentirten zu freuen versicherte, stets die Frage auf den Lippen: „Aber wie Teufel komme ich denn zu der ganzen Gesellschaft."* —

Die Lösung der Frage nach dem Wesen der Dinge, die nicht allein für die positiven Wissenschaften, sondern auch für das abstracte Philosophiren unmöglich ist, glaubt Schopenhauer durch unmittelbare Auffassung der Einheit des Ich's als Wille und durch die Uebertragung dieses Resultats auf die äussere Welt zu erreichen. Wir werden diese Ansicht Schopenhauers, die schon in den metaphysischen Theil seiner Lehre greift, nicht näher prüfen, wir werden nicht auf die Aehnlichkeiten seiner Theorie mit denjenigen von Fichte, Schelling oder Maine de Biran eingehen; was aber im engeren Sinne die Erkenntniss-Theorie Schopenhauers betrifft, so hängt sie offenbar, wie wir gesehen haben, mit der Kantischen am meisten zusammen. Die Negation des objectiven Werthes, die Kategorien, die Verwandlung aller apriorischen Wahrheiten in blosse subjective Erkenntnissformen wird bei Schopenhauer durch den Satz, dass die Welt meine Vorstellung sei, ausgedrückt, Aber die letzten logischen Folgen eines jeden Idealismus schildert treffend E. v. Hartmann.

Der Idealist muss nothwendig nicht allein zum Scepticismus sondern auch zu vollständigen Widersprüchen gelangen. Der letzte Rest der Realität, die Function des Träumens wird von der Kritik vernichtet, indem die absolute Realität der Funktion geleugnet wird, weil die Funktion des Träumens oder Vorstellens wegen ihrer Form der Zeitlichkeit selbst nur als Erscheinung, oder wählen wir jetzt den passenderen

---

*) Welt als Wille. I. B. S. 117.

Ausdruck: als Schein zu betrachten sei. Nun existirt der Traum nicht einmal mehr als Act des Träumens, nun besteht der Traum ohne Träumer nicht mehr wirklich, nun träumt er bloss noch sein eigenes Dasein, nun wird es zum Traume, dass ein Traum sich fortspinne. Der Schein scheint nicht mehr in Wahrheit, er scheint bloss noch zu scheinen. Die absolute Realität, mit welcher das Gegebensein des Scheines als solchen uns imponiren wollte, ist zerstreut; wir begreifen, dass es eine letzte unzerstörbare Illusion ist, an diese absolute Realität des Scheines zu glauben; wir sehen ein, es sei illusorisch, zu meinen, der Schein scheine, da er doch nur zu scheinen scheint; wir entdecken endlich den Begriff des absoluten Scheins, welcher nicht einmal eine Wirklichkeit seiner Function des Scheinens zulässt. Dass der Schein sich nicht leugnen lässt, ist richtig, aber dass es nur ein falscher Schein sei, dass er existire, auch nur als Schein existire, ist bewiesen. Wovon nicht loszukommen ist, ist die erkenntniss-theoretische Illusion, aber dass es nur Illusion ist, dass nicht davon loszukommen sei, ist gewiss. Die Unhaltbarkeit des transcendentalen Objects machte den transcendentalen Idealismus zum subjectiven Idealismus, Subjectivismus oder Solipsismus, die Unhaltbarkeit des transcendentalen Subjects machte diesen zum reinen Bewusstseinsidealismus, die Unhaltbarkeit der Realität des Vorstellungsactes vollendet diesen zum absoluten Illusionismus. Mit dem ersten Schritte büssten wir die Welt der materiellen und geistigen Dinge an sich (mit alleiniger Ausnahme des Ich an sich) ein und sahen das Universum zur subjectiven Bestimmung des einzigen, einsamen Ich herabgesetzt; mit dem zweiten Schritte kam uns das Ich an sich abhanden und das Weltall wurde zu einer sich selbst tragenden Perlenschnur bewusster Vorstellungen; mit dem dritten Schritte zerreisst auch dieser dünne Faden, und der Wahnsinn des eine Welt scheinenden Nichts gähnt uns an.*

---

*) E. v. Hartmann. Kritische Grundlage des transcendentalen Realismus. S. 40, 42, 43, 44.

Zwar wird diese Folgerung von den Idealisten nicht zugegeben, und sogar B. Erdmann behauptet in seiner Recension der v. Hartmannschen Schrift, dass sie in dem Idealismus selbst gar nicht enthalten sei; es ist aber kaum einzusehen, wie man derselben entgehen könne. Der consequenteste Idealist, Fichte, erkennt diese Unmöglichkeit und ist genöthigt, seine Zuflucht zu dem Glauben zu nehmen. Beinahe dasselbe musste auch Bercley vor ihm thun. Schopenhauer endlich begnügt sich damit, die Consequenzen des Solipsismus in die Irrenhäuser zurückzuweisen, nachdem er sie für unwiderleglich erklärt hat. — Wenn man die idealistische Richtung der nachkantischen Philosophie betrachtet, wenn man sieht, wie sie sich durch dieselbe von den übrigen Wissenschaften trennt und sogar mit ihnen einen schweren und ungleichen Kampf einging, so geräth man auf die Vermuthung, dass der Irrthum in dem Ausgangspunkte selbst liegen müsse. Die Idee, dass es vielleicht nöthig sein wird, bis auf Leibnitz und weiter zurückzugehen, ist sogar von einem solchen Kenner der Deutschen Philosophie, wie Zeller, obgleich nur im Vorübergehen, vorgebracht. Diese Idee drängt sich von selbst einem Jeden auf, wenn man die kühnsten Gedanken des Cartesius und Leibnitz wieder aufleben und sich realisiren sieht Die nachkantische Philosophie aber kann sich bis jetzt nicht von dem Streite mit dem oberflächlichsten Materialismus erholen. Freilich kann man Kant selbst in dieser Hinsicht nicht auf eine Stufe mit Fichte, Schelling und Hegel stellen, seine Philosophie scheint jetzt mehr als jemals im Aufschwung zu sein, schwerlich aber kann dies noch lange dauern. Ich will keineswegs die Verdienste Kants in der Philosophie ableugnen; sein Beweis der Unmöglichkeit eines empirischen Ursprungs der apriorischen Wahrheiten, wird ihm gewiss eine hervorragende Stellung in der Geschichte der Philosophie für immer bewahren. Was aber den bloss subjectiven Character dieser Wahrheiten betrifft, so kann eine solche Behauptung nicht festgehalten werden, ohne die Möglichkeit eines jeden Erkennens umzustürzen. Eduard von Hartmann ist der Erste in Deutschland, dem es gelungen ist, indem er sich auf den festen Boden des Realismus stellte, das Interesse für die Philosophie wieder zu erwecken. Wenn auch in seinem Systeme noch manche Lücken vorkommen mögen, so haben wir durchaus kein Recht, ihm dieses grosse Verdienst abzusprechen. Er hat den Versuch gemacht die Philosophie mit der Naturforschung wieder in Verbindung zu bringen, und wenn es ihm auch nicht ganz gelungen, so ist diese Bestrebung selbst ein wichtiger Fortschritt gegen die nachkantische idealistische Richtung.

Im Jahre 1852 bin ich in Russland im Gouvernement Pensa auf einer Besitzung meiner Grossmutter geboren. Meine Kindheit brachte ich mit meinen Eltern, meinem Vater Fürst Nikolaus Tzerteleff und meiner Mutter Barbara geb. von Tschulkoff theils auf dem Lande, theils aber in Charkoff, wo mein Vater damals Stellvertreter des Curators war, zu. Im Jahre 1861 reisten meine Eltern mit mir nach Lausanne in der Schweiz, wo wir drei Jahre blieben. Hier erhielt ich den nöthigen Unterricht durch Privatlehrer. Nach der Rückkehr in's Vaterland wurde ich in das 5te kaiserliche Gymnasium in Moscau aufgenommen, wo ich im Jahre 1871 meinen Cursus beendigte und hierauf in die Universität zu Moscau trat. Obgleich schon damals die Philosophie mein Lieblings-Studium war, liess ich mich doch in die juristische Facultät einschreiben, da es in Russland keine philosophischen Facultäten giebt.

Nach Beendigung meiner Universitäts-Studien in Moscau brachte ich die nächsten Jahre theils auf dem Lande im Gouvernement Tombow, theils auf Reisen nach Frankreich, Constantinopel, Athen, Kairo und Italien zu. Im Jahre 1876 nahm ich an den Wahlen in Spask im Gov. Tombow Theil und wurde zum Ehrenfriedensrichter und Präsidenten der Friedensrichter-Versammlung ernannt.

Fürst Dmitry Tzerteleff.